Der Schutz

der

Waarenbezeichnungen

nach dem Reichsgesetze vom 12. Mai 1894.

Für die Bedürfnisse der Gewerbetreibenden

sowie der

Patent- und Rechtsanwälte

dargestellt von

Georg Meyer

Rechtsanwalt beim Königl. Landgericht I, Berlin.

Berlin 1894.

J. J. Heines Verlag.

Druck von Hans Mamroth, Berlin W. Wilhelmstr. 48.

Geleitwort.

In unserer Zeit des auf das Aeußerste gesteigerten Konkurrenzkampfes muß es das Bestreben eines jeden Gewerbetreibenden sein, seine Waaren von denen Anderer bereits äußerlich deutlich zur Unterscheidung zu bringen, um hierdurch einerseits sich selbst gegen gewerbliche Nachahmung, insbesondere gegen den unlauteren Wettbewerb zu schützen, andererseits das kaufende Publikum über die Herkunft der Waaren aufzuklären.

Diesem Zwecke dient die Waarenbezeichnung, welche in dem Reichsgesetze vom 12. Mai 1894 in ihren verschiedenen Formen als schutzberechtigt anerkannt ist. Die ausgiebige und zuverlässige Gestaltung dieses Rechtsschutzes giebt jedem Geschäftsmanne ein wirksames Mittel an die Hand, Eingriffe in seine Interessensphäre erfolgreich zurückzuweisen. Ist das Gesetz aus diesem Grunde für die gesammte kaufmännische Welt von weittragender Bedeutung, so ist es für jeden Geschäftsmann geradezu geboten, seinen Inhalt bis ins Einzelne hinein zu erforschen.

Dies ist aber nicht möglich durch die Lektüre des bloßen Gesetzestextes, der außerordentlich knapp gehalten ist. Um genau den Zweck, die Ausdehnung und Anwendbarkeit jeder einzelnen Vorschrift kennen zu lernen, bedarf es einer Erläuterung des Textes, welche aus der Begründung des Gesetzes, dem Berichte der zur Berathung eingesetzten Kommission des Reichstags, sowie aus den Ausführungen der Regierungskommissare und Reichstagsmitglieder geschöpft ist, zumal viele Gesetzesparagraphen nicht so sehr aus sich selbst, als aus den ergänzenden Erklärungen der genannten Personen interpretirt werden müssen.

Bei dieser Erläuterung sollen, um zum vollen Verständnisse des Gesetzes zu gelangen, auch die Judikatur des Reichsgerichts und die Litteratur zum Markenschutzgesetze vom 30. November 1874 berücksichtigt werden, insoweit sie Vorschriften betreffen, welche unverändert in das neue Gesetz übernommen worden sind.

Die Erläuterungen in einer gedrängten, vornehmlich den Bedürfnissen der Praxis der Gewerbetreibenden, Patent- und Rechtsanwälte entsprechenden, zugleich aber auch wissenschaftlichen Form zu geben, habe ich mir zur Aufgabe gestellt.

Von der Form des Commentars habe ich aus dem Grunde abgesehen, weil gerade eine systematische Darstellung des Stoffes geeigneter ist, dem Leser an jeder Stelle den inneren Zusammenhang der Rechtsvorschriften und ihre gegenseitige Bedingtheit anschaulich zu machen.

Der praktischen Benutzung des Schriftchens dient eine ausführliche Inhaltsangabe und ein Abdruck des Gesetztextes nebst Ausführungsbestimmungen mit Verweisung auf die Stellen der Schrift, an denen die einzelnen Vorschriften erläutert sind; hierdurch dürfte auch zugleich voller Ersatz für die Form des Commentars geschaffen sein. Die Beifügung der wichtigsten Formulare für Anträge auf Anmeldung und Umschreibung von Waarenzeichen wird dem Praktiker als erwünschtes Hülfsmittel zur sachgemäßen Erledigung von Anträgen erscheinen.

Möchte das Schriftchen Nachsicht in der Beurtheilung und — Anerkennung finden!

Berlin, im September 1894.

Der Verfasser.

Inhalts-Uebersicht.

Anlagen.

A. Einleitung.

Das Reichsgesetz zum Schutz der Waarenbezeichnungen vom 12. Mai 1894 ist bestimmt, an die Stelle des Reichsgesetzes über Markenschutz vom 30. November 1874 zu treten.

Wie die Ueberschrift beider Gesetze bereits erkennen läßt, greift das erst genannte, neuere, über den Rahmen des älteren Gesetzes, seines Vorgängers, hinaus und beabsichtigt, nicht nur die Mängel zu beseitigen, welche in jenem Gesetze während dessen langjähriger Geltung hervorgetreten sind: es will außerdem auch einigen auf dem Gebiete der Waarenbezeichnung liegenden, durch den bisherigen Rechtsschutz jedoch nicht getroffenen Mißbräuchen entgegentreten, deren der unlautere Wettbewerb sich zu bedienen pflegt, um seinen Erzeugnissen ein ihrem Werthe nicht entsprechendes Ansehen im Verkehre zu schaffen.

Es soll sowohl die als Merkmal der Waaren eines bestimmten Geschäftes im Verkehre anerkannte Art der Verpackung, Verzierung und Aufmachung, also die Art der äußeren Ausstattung gegen unredliche Nachahmung geschützt, als auch dem Bestreben begegnet werden, das Publikum über Beschaffenheit und Werth der Waaren durch unrichtige Angabe ihres Herkunftsortes zu täuschen.

Das Gesetz erweitert also die Grenzen des durch das frühere Gesetz geschaffenen Schutzgebietes, welches nur die figürlichen Waarenzeichen einerseits und die Namen- und Firmenzeichen andererseits umfaßte, in einer ganz außerordentlichen Weise, und hat alle diese Arten der Kennzeichnung von Waaren unter der Ueberschrift

„Schutz der Waarenbezeichnungen"

zusammengefaßt.

In Folgendem soll nun von den verschiedenen Arten der Waarenbezeichnungen, welche das Gesetz kennt und anerkennt und ihrem Schutze gesprochen, zuvor aber von einigen, allen Arten der Waarenbezeichnungen gemeinsamen Gesichtspunkten gehandelt werden.

B. Allgemeines.

§ 1.

Schutzberechtigte Personen.

Zunächst entsteht die Frage: wer hat Anspruch auf den Schutz des Gesetzes?

Das Gesetz selbst beschränkt zwar den Kreis der zum Gebrauche einer Waarenbezeichnung Berechtigten nicht ausdrücklich, ja hat sogar die Vorschriften des Markenschutzgesetzes fallen lassen, welche die Berechtigung der Gewerbetreibenden zur Zeichenanmeldung von der Eintragung ihrer Firma im Handelsregister abhängig machten. Indessen erfährt dieser Kreis doch einige durch den Zweck des Gesetzes und allgemeine Rechtsgrundsätze hervorgerufene Einschränkungen.

Das Gesetz verfolgt ein ausschließlich wirthschaftliches Interesse: der besondere Werth, welcher sich an eine Waare vermöge der Stelle ihres Ursprungs oder ihrer Verbreitung knüpft, soll geschützt werden; es kann daher der Gesetzesschutz nur Personen zukommen, welche Waaren erzeugen oder weiter begeben, Producenten oder Handeltreibenden — allerdings im weitesten Sinne des Wortes.

Die Rechtsfähigkeit d. h. die Fähigkeit, Subjekt, also Träger von Rechten zu sein, ist allgemeine Voraussetzung eines jeden, also auch des hier in Rede stehenden Rechtserwerbes.

Demnach wird der Schutz dieses Gesetzes nicht nur einzelnen Personen zu Theil, sondern auch Personenmehrheiten, nämlich den juristischen Personen, den durch das Handelsgesetzbuch anerkannten Handelsgesellschaften, den eingetragenen Erwerbs- und Wirthschafts- sowie den Wald-Genossenschaften, den Gesellschaften mit beschränkter Haftung, den Gewerkschaften. Gleichgültig ist es dabei, ob diese im Handelsregister eingetragen sind oder nicht, ob sie Vollkaufleute, Minderkaufleute oder Handwerker im Sinne des Handelsgesetzbuchs, ob sie Fabrikanten oder Händler sind, gleichgültig endlich auf welchem Gebiete sie produciren; die Gebiete der Landwirthschaft, des Gartenbaues, Bergbaues, der Hütteninduſtrie 2c. sind von dem Schutze keineswegs ausgeschlossen.

Einzelne Personen können sowohl unter ihrem bürgerlichen Namen, wie unter ihrer Firma Waarenzeichen anmelden.

Das Recht der ausschließlichen Benutzung eines Waarenzeichens steht jedermann aber nur in seinem Geschäftsbetriebe, also in seiner Eigenschaft als Inhaber oder Vertreter irgend eines auf Gewinn abzielenden Unternehmens zu. Der Geschäftsbetrieb kann im Bereiche der Produktion oder des Handels liegen, kann daher der Betrieb des Producenten, Kaufmanns, Vermittlers, Kommissionärs und Exporteurs sein.

Prinzipiell ist nach dem Gesetze der Ausländer dem Inländer bezüglich des Schutzes seiner Waarenbezeichnung gleichgestellt.[1])

§ 2.

Des Schutzes fähige Waaren.

„Waaren" im Sinne dieses Gesetzes sind alle Erzeugnisse, welche aus einem der eben genannten Unternehmen in den wirth-

[1]) vgl. hierüber § 30 der Schrift.

schaftlichen Verkehr gebracht werden; es sind also auch lebende Thiere als solche anzusehen.[1] [2])

Hinsichtlich der Art, wie der Gewerbetreibende[3]) die von ihm mit dem Kennzeichen versehenen Waaren sich verschafft, wird ihm durch das Gesetz keine Verpflichtung oder Beschränkung auferlegt.

Der Ausdruck „seine Waare" im § 1 des Gesetzes bezeichnet lediglich den Gegensatz der Waare, welche der Zeicheninhaber in Verkehr bringen und feilhalten will, zu denjenigen Waaren, welche andere Personen in Verkehr bringen.

Der Schutz der Waarenbezeichnung erstreckt sich für den Gewerbetreibenden also nicht nur auf die in seinem Eigenthum, sondern auch auf alle in seinem Besitze befindlichen Waaren.[4])

Auch woher der Gewerbetreibende die Waaren bezieht, ist für den Rechtsschutz gleichgültig: es ist daher nicht ausgeschlossen, daß ein deutscher Gewerbetreibender, welcher für eine bestimmte Waarengattung ein Zeichen anmeldet, dieselbe ganz und gar von einem ausländischen Gewerbetreibenden bezieht und hierdurch diesem zum Absatze seiner Waaren in Deutschland verhilft.[4])

C. Die einzelnen Arten der Waarenbezeichnungen.

Nunmehr soll das den einzelnen Arten der Waarenbezeichnungen gewährte Schutzrecht nach seinen Voraussetzungen und Wirkungen betrachtet werden.

[1]) Begründung des Gesetzes Seite 9, Bericht der Reichstagskommission Seite 2.

[2]) Es ist z. B. zulässig, daß ein Züchter oder Landwirth sich das Brandzeichen eintragen läßt, mit dem er Pferde oder Schlachtvieh versieht, um sie von Thieren anderer Züchter zu unterscheiden.

[3]) Unter diesem Ausdrucke, welcher dem Gesetze selbst fremd ist, sollen der Kürze halber alle Berechtigten zusammengefaßt werden.

[4]) Reichsgerichts-Annalen, Band 9, Seite 595 ff. Vgl. § 19 des Gesetzes: „im Besitze befindliche Gegenstände".

I. Das Waarenzeichen.

Bezüglich des Waarenzeichens giebt das Gesetz sowohl materiellrechtliche, als formelle Vorschriften. Es empfiehlt sich der Uebersichtlichkeit wegen beide von einander getrennt zu behandeln.

a) Das materielle Zeichenrecht.

§ 3.

Begriffliches.

Das Interesse der Gewerbetreibenden, die von ihnen verfertigten oder feilgehaltenen Waaren schon bei flüchtiger Betrachtung deutlich von denen anderer durch Zeichen unterschieden zu sehen, hat das Gesetz anerkannt, nicht zwar in dem Umfange, daß es einer jeden zu diesem Zwecke gewählten Gestaltung Schutz gewährt, sondern so, daß es das sogenannte „Waarenzeichen" schützt.

An und für sich könnten nach dem Sprachgebrauche, darunter wie unter „Waarenbezeichnung" sämmtliche irgend wie gearteten Kennzeichnungen der Waaren verstanden werden. Indessen das Gesetz hat den Begriff „Waarenzeichen" wesentlich eingeengt; es bezeichnet damit in einem durchweg technischen Sinne die nicht aus Namen oder Firmen gebildeten und die nicht Ausstattungsart oder Ortsbezeichnung enthaltenden Kennzeichen der Waaren.

Es folgt dies einmal aus der Begründung des Entwurfes Seite 16, wo das „Waarenzeichen" in direkten Gegensatz zur Art der Ausstattung gesetzt wird. Es folgt ferner aus Seite 17 a. a. O. wo es heißt, daß den Kennzeichen der Ausstattung unabhängig von dem Zeichenrechte Schutz gewährt werden soll und es folgt endlich und nicht zum wenigsten aus dem Gesetze selbst, aus seiner ganzen Eintheilung, sowie der Anordnung, Reihenfolge und Verknüpfung seiner Paragraphen, speziell aus § 23 desselben, in welchem beide Begriffe neben einander genannt werden. Den Begriff „Waarenzeichen" definirt das Gesetz nicht.

Es hält die Definition für ebenso unthunlich, wie unnöthig und begnügt sich damit, an Stelle einer Begriffsbestimmung nur ein äußeres, dem Zwecke entnommenes Merkmal der „Waarenzeichen" in § 1 anzuführen. (Vgl. § 1 des Gesetzes.) Demnach erübrigt es sich, auch hier eine Begriffsbestimmung zu versuchen, zumal sie aus der unmittelbar folgenden Darstellung (§§ 4 u. 5 der Arbeit) sicher und richtig zu entnehmen ist.

§ 4.

Gesetzliche Beschränkungen bei Bildung des Waarenzeichens.

Das Gesetz stellt negativ im § 4 gewisse Arten von Waarenzeichen zusammen, welche nicht eintragungsfähig sind:

Dazu gehören in erster Reihe

1. die sogenannten „Freizeichen" (§ 4 Abs. 1 des Ges.)

Auch dieser Begriff ist im Gesetze nicht definirt, da er im Sprachgebrauche der am Schutz der Waarenzeichen betheiligten Kreise eine feststehende Bedeutung gewonnen haben soll.[1])

Man hat nach § 10 des früheren Gesetzes darunter diejenigen Zeichen zu verstehen, welche sich vor Emanation des Gesetzes „im freien Gebrauche aller oder gewisser Kreise von Gewerbetreibenden befunden haben", also allgemein üblich sind, so daß sie nicht mehr als Unterscheidungsmerkmale der Waaren eines Einzelnen dienen können.

Nach dem Reichsgesetze von 1874 waren diese Zeichen unbedingt eintragungsfähig und sind daher in großer Anzahl zur Eintragung gelangt. Ja die Nachahmer fremder Zeichen pflegten, wenn sie verklagt wurden, hinter dem Vorwande Deckung zu suchen, es handle sich um Freizeichen.

Diesen durch viele Prozesse gekennzeichneten Zustand will das gegenwärtige Gesetz beseitigen, indem es etwa neu angemeldete Freizeichen von der Eintragung ausschließt.

Was die nach dem früheren Gesetze bereits eingetragenen Freizeichen anlangt, so kann eine Uebernahme derselben in die neue Zeichenrolle nur dann verweigert werden, wenn das betreffende Zeichen vor der früheren Eintragung und zwar zur Zeit der ersten

---

[1]) Begründung Seite 12.

Anmeldung bereits ein Freizeichen gewesen ist. Ist es aber zu diesem Zeitpunkte kein solches gewesen, so hat es auch nicht durch mißbräuchliche Benutzung von Seiten Dritter während seiner Gültigkeitsdauer diese Eigenschaft erlangt.[1])

Diese Regeln gelten aber nur in dem Falle, wo das Freizeichen für sich allein oder mit unwesentlichen Zusätzen als Waarenzeichen dienen soll; wo dasselbe dagegen nur als Bestandtheil eines Waarenzeichens benutzt wird und ins Auge fallende Zusätze erhält, so daß es in seiner Individualität völlig verschwindet und ein neues, von dem Freizeichen sich merkbar unterscheidendes Waarenzeichen gebildet wird, kann dieses sehr wohl als Waarenzeichen eingetragen werden. Denn offenbar liegt es nicht in der Absicht des Gesetzgebers, einem Fabrikanten, der von jeher ein im Verkehr als Kennzeichen seiner Fabrikate geltendes Waarenzeichen benutzte, bloß deßhalb den Schutz des Gesetzes für dieses Zeichen zu versagen, weil es unter anderem ein Zeichen enthält, welches sich im freien Gebrauche aller oder gewisser Kreise von Gewerbetreibenden befindet und zu verlangen, daß er jenes Zeichen nur in veränderter oder verstümmelter, dem Publikum fremder Form zur Anmeldung bringt.[2]) [3])

2. Nicht eintragungsfähig sind ferner:

„Waarenzeichen, welche ausschließlich in Zahlen, Buchstaben oder solchen Wörtern bestehen, die Angaben über Art, Zeit und Ort der Herstellung, über die Beschaffenheit, über die Bestimmung, über Preis-, Mengen- oder Gewichtsverhältnisse der Waaren enthalten.“ (§ 4 Abs. 1 No. 1 des Gesetzes.)

[1]) Bericht Seite 3.

[2]) R.-G.-E. C. Band 3, Seite 72.

[3]) Es sei hierbei erwähnt, wann man den Uebergang eines Einzelzeichens zum Freizeichen als vollzogen ansehen wird; eine mehrfache, wenn auch nicht gehinderte rechtlose Benutzung von Seiten Vieler kann dazu nicht genügen. Es ist vielmehr erforderlich, daß nach den Anschauungen des Verkehrs, insbesondere der Konsumenten, in dem Einzelzeichen nicht mehr Unterscheidungsmerkmale der Waaren eines Einzelnen, sondern ein Gattungs-Qualitätszeichen gesehen wird. R.-G.-E. Bd. 24, S. 78.

Gänzlich entzogen der Eintragung sind darnach also solche Zeichen, welche ausschließlich in Ziffern und Buchstaben bestehen; allerdings sind darunter wohl nur die den lebenden Sprachen angehörigen, allgemein üblichen Ziffern und Buchstaben zu verstehen.[1]) Es ergiebt sich dieses aus der Begründung ihres Ausschlusses[2]) da sie „Zeichen darstellen, welche ihrer Bestimmung nach dem allgemeinen Gebrauche nicht entzogen werden dürfen.[1])

Was die Wortzeichen betrifft, so hat das bisherige, ganz allgemeine Eintragungsverbot derselben, eine gewisse Einschränkung gefunden, insofern es nur hinsichtlich derjenigen Wörter aufrecht erhalten ist, welche eine Waare ausschließlich nach Angabe über Art, Zeit und Ort der Herstellung 2c. bezeichnen. Es geschah dieses aus Vorsorge, daß der Gebrauch dieser allgemein üblichen Angaben unter allen Umständen durch die aus einer Zeicheneintragung hergeleiteten Ansprüche keine Störung erlitte.

Das Gesetz verbietet aber, wie gesagt, derartige Bezeichnungen nur als ausschließlichen Inhalt eines Zeichens einzutragen. Dagegen gestattet es ihre Verwendung in Verbindung mit anderen Wörtern und Figuren zu Zeichenzwecken.

Schutzfähig ist auch ein einzelnes Wort — mit der eben erwähnten Einschränkung — welches entweder frei erfunden ist (Phantasiewort) oder welches, wenn auch dem allgemeinen Sprachschatze angehörig, doch zu der Waare und ihren Besonderheiten in keiner durch den Begriff des Wortes gegebenen Beziehung steht.[3])

Die Verbindung mehrerer solcher Wörter ist ebenfalls der Eintragung fähig, so daß grundsätzlich auch für Etiquetten, welche ohne figürliches Beiwerk nur aus Worten und Buchstaben bestehen, ein ausschließliches Gebrauchsrecht begründet werden kann.

Es ist ferner nicht ausgeschlossen, Phantasieworte in Verbindung mit anderen Namen zur Eintragung als Waarenzeichen zuzulassen oder den Namen einer Person oder eine Firma allein

---

[1]) Vgl. Landgraf, das Markenschutzgesetz S. 25.

[2]) Begründung Seite 12.

[3]) Begründung Seite 12.

oder in Verbindung mit anderen Wörtern als Waarenzeichen einzutragen.[1])

3. Nicht eintragungsfähig sind ferner

Waarenzeichen, welche in- oder ausländische Staatswappen oder Wappen eines inländischen Orts, eines inländischen Gemeinde- oder weiteren Kommunalverbandes enthalten. (§ 4, Abs. 1 No. 2 des Gesetzes.)

Wappen sind zur Verwerthung als Waarenzeichen ungeeignet; sie sind Sinnbilder einer öffentlichen Autorität und als solche ohne Zustimmung dieser Autorität kein Gegenstand eines ausschließlichen gewerblichen Benutzungsrechts. Sie werden aber nur in ihrer besonderen heraldischen Gestalt von der Eintragung ausgeschlossen. Einzelne Motive, Sinnbilder oder Figuren derselben sind der Verwerthung zum Zwecke der Zeichenbildung nicht entzogen. Natürlich kann ein Einzelner nicht den Schutz eines solchen Sinnbildes für sich allein beanspruchen, sondern muß sich gefallen lassen, daß auch andere Personen dasselbe als Bestandtheil ihrer Waarenzeichen aufnehmen.

Das Verbot der Eintragung öffentlicher Wappen als Waarenzeichen ist aber nicht auf den Fall zu beschränken, daß das Waarenzeichen lediglich aus dem Wappen besteht.[2])

4. Nicht eintragungsfähig sind ferner:

„Waarenzeichen, welche Aergerniß erregende Darstellungen oder solche Angaben enthalten, die ersichtlich den thatsächlichen Verhältnissen nicht entsprechen und die Gefahr einer Täuschung begründen." (§ 4, Abs. 1 No. 3 des Gesetzes.)

Der Begriff der „Aergerniß erregenden Darstellung" ist hierbei nicht auf die das Schamgefühl verletzende Darstellung (§ 184 Strafgesetzbuch) beschränkt.

Solchen Darstellungen sind Angaben offenbar unrichtigen, mit den thatsächlichen Verhältnissen nicht übereinstimmenden und die Gefahr einer Täuschung begründenden Inhalts gleichgestellt. Es

---

[1]) Zweite Berathung des Gesetzes im Reichstage, Seite 2159.
[2]) Juristische Wochenschrift von 1884, S. 149, No. 34.

würde den Interessen des redlichen Verkehrs zuwiderlaufen, Angaben, welche bei der amtlichen Prüfung von vornherein als trügerisch erkannt werden, durch die Eintragung in die Zeichenrolle unter die Autorität des Staatsschutzes zu stellen.[1])

5. Endlich sind nur in beschränktem Umfange eintragungsfähig:

Zeichen, welche eingetragen waren und zur Löschung gelangt sind. Sie dürfen für Waaren, für welche sie eingetragen waren, oder für gleichartige Waaren zu Gunsten eines Anderen, als des letzten Zeicheninhabers, erst 2 Jahre vom Tage der Löschung an gerechnet, eingetragen werden, damit dem bisher Berechtigten Gelegenheit zur vielleicht nur in Vergessenheit gerathenen Erneuerung des Zeichens geboten wird.

§ 5.

Begriffliche Beschränkungen bei Bildung des Waarenzeichens.

Aber auch innerhalb der gesetzlichen, für die Zulässigkeit der Gestaltung eines Zeichens gezogenen Schranken kann die Willkür des Einzelnen nicht frei schalten, wenn er ein gesetzlich zu schützendes Waarenzeichen schaffen will.

Der Begriff des Waarenzeichens setzt hier auch gewisse Grenzen.

Da nach § 1 des Gesetzes das Waarenzeichen zur Unterscheidung der Waare eines Gewerbetreibenden von denen eines Anderen dienen soll, so kann Form, Farbe,[2]) überhaupt äußere Gestaltung[3]) der Waare oder deren Verpackung nicht als Waarenzeichen im Sinne dieses Gesetzes gelten.[4])

---

1) Begründung Seite 13.

2) Vgl. § 11 der Schrift.

3) Dazu ist eben jetzt in § 15 des Gesetzes der Schutz der Ausstattung geschaffen worden, abgesehen davon, daß die äußere Gestaltung meistens auch als Gebrauchsmuster unter einen gesetzlichen Schutz gestellt werden kann, wofern sie neu ist. Vgl. Bericht S. 2 und 6 sowie § 19 der Arbeit.

4) R.-G.-E. C. Bd. 18, S. 86.

Aber noch weiter: Bei der Wahl des Waarenzeichens handelt es sich nicht darum, eine die Waare characterisirende Eigenschaft zu bezeichnen oder ein aus irgend einem Grunde vorhandene Kennzeichnung der Waaren ausfindig zu machen, sondern um ein willkürliches, in der Absicht gewähltes Zeichen, eine Waare von einer anderen deutlich verschieden erscheinen zu lassen, also um ein „Merkzeichen" (Marke).[1]) Das Waarenzeichen hat darnach für die Waare keine technisch-funktionelle Bedeutung; eine technische Verbesserung derselben oder eine den Gebrauch erleichternde Einrichtung kann nicht Waarenzeichen werden.[2])

Ferner ist durch den Begriff des Zeichens als Merkzeichen die nothwendige Eigenschaft des Zeichens gegeben, daß es einen sofort seinem ganzen Umfange nach erkennbaren, mit einem Blick erfaßbaren Inhalt habe.

Daraus folgt einerseits, daß eine längere, wenngleich sich auf die Waare beziehende schriftliche Ausführung nie als ein Waarenzeichen aufgefaßt werden kann, andererseits, daß ein Waarenzeichen stets nur **eine** Darstellung, **ein** Bild sein kann, also verschiedene Darstellungen, etwa auf Vorder- und Rückseite einer Waare, nicht ein Waarenzeichen sind.

Endlich folgt daraus, daß alle, wenn auch an sich gleichgültig erscheinenden Zuthaten und Verzierungen, welche sich in der zum Zeichen angemeldeten Darstellung befinden, den Charakter der unzweifelhaften Absichtlichkeit der Hervorbringung an sich tragen, Linien, Buchstaben, Wörter, also als zur Darstellung des Gesammtbildes bestimmt, anzusehen sind.[3])

Innerhalb dieser durch das Gesetz und durch den Begriff des Waarenzeichens gezogenen Grenzen hat jeder die freie Bestimmung bei Bildung eines Zeichens.

Am besten natürlich wird es im Interesse des Schutzes sein,

[1]) Das Wort findet sich nur einmal im Gesetze und zwar im § 23 in Verbindung mit „Schutz", also als „Markenschutz", während es sonst stets durch „Waarenzeichen" ersetzt ist.

[2]) Kohler, Markenschutz, S. 159.

[3]) R.-G.-E. C. Bd. 19, S. 173 ff.

wenn das Zeichen eigenartig, sei es durch Einfachheit der Bildung, sei es durch augenfälliges Hervortreten seiner ineinandergreifenden Momente, ist und einen **individuellen Gesammteindruck** hervorruft, welcher sich der Auffassung leicht einprägt.[1])

Dabei ist die Neuheit eines Zeichens nicht Voraussetzung seiner Eintragungsfähigkeit; es darf nur nicht in den allgemeinen Gebrauch übergegangen sein.[2])

§ 6.

Die Rechtswirkungen der Eintragung.

Die Rechtswirksamkeit eines Zeichens wird erst durch die Eintragung in die Zeichenrolle begründet.

Der § 12 des Gesetzes bestimmt bezüglich der Rechtswirkung,

> „daß dem Eingetragenen ausschließlich das Recht zusteht, Waaren der angemeldeten Art oder deren Verpackung oder Umhüllung mit dem Waarenzeichen zu versehen, die so bezeichneten Waaren in Verkehr zu setzen, sowie auf Ankündigungen, Preislisten, Geschäftsbriefen, Empfehlungen, Rechnungen oder dergl. das Zeichen anzubringen."

Niemand, außer dem Eingetragenen, darf also Waaren oder deren Verpackung oder Umhüllung, d. h. auch Behälter, Flaschen, Büchsen 2c., welche nur in eine vorübergehende Verbindung mit der Waare — etwa beim Verkauf, — gebracht sind, ohne Erlaubniß des Berechtigten mit dem Waarenzeichen versehen.

Aber nicht hierauf allein erstreckt sich der Umfang des Rechts: Es gewährt auch dem Eingetragenen ausschließlich die Befugniß, das Zeichen auf Ankündigungen, Geschäftsbriefen u. s. w. anzubringen. Als Ankündigungen im Sinne des Gesetzes sind auch Firmen- und Ladenschilder, Preislisten, Courants, ja sogar Geschäftswagen 2c. zu verstehen.[3])

---

1) R.-G.-E. C. Bd. 22, S. 100 ff.

2) Begründung S. 10.

3) Bericht Seite 7.

Eine hierdurch bedingte Aenderung der Größenverhältnisse des Zeichens ist unerheblich.[1])

An und für sich betrachtet, geht dieser Schutz ja über den Umfang und Rahmen des streng zeichenmäßigen Gebrauchsrechtes hinaus; er ist aber, den praktischen Bedürfnissen des Lebens entsprechend, gewährt worden, um dem unlauteren Wettbewerbe vorzubeugen.

Unzulässig ist es für jeden Anderen, außer dem Eingetragenen, in irgend einer Form, selbst als Verzierung, allein oder mit anderen Verzierungen oder Ausschmückungen[2]) das Zeichen auf den eben genannten Gegenständen anzubringen. Der Eingetragene nur darf es benützen wie und wo er will, z. B. auf Etiquetten in Verbindung mit anderen Zeichen, Arabesken, Landschaften oder wo es auch immer sei.[2])

Natürlich ist es dadurch Niemandem benommen, Angaben über Art, Zeit und Ort der Herstellung, über Beschaffenheit, Bestimmung ꝛc. von Waaren, sei es auch in abgekürzter Gestalt auf Waaren anzubringen und derartige Angaben im Geschäftsverkehre zu gebrauchen. (§ 13 des Gesetzes.)

Wie dem Eingetragenenen ausschließlich das Recht zusteht, das geschützte Zeichen auf der Waare anzubringen, so ferner und im Zusammenhange hiermit das Recht, die geschützte Waare in Verkehr zu setzen.

In dem eben geschilderten Umfange wird der Zeichenberechtigte gegen jede unbefugte Benutzung des Zeichens geschützt, auch gegen jede theilweise Anwendung des Waarenzeichens oder dessen Anwendung mit Zusätzen, welche die Gefahr einer Verwechselung mit sich bringt.

Er hat gegen unbefugte Benutzung oder Nachahmung seines Zeichens das Recht der Untersagung eventuell im Wege der Klage. Ja selbst wenn ein Dritter vor der Eintragung des Berechtigten das Zeichen geführt hat und dasselbe nach der Eintragung gutgläubig weiter benutzt, kann der Eingetragene ihm diesen weiteren

---

1) Bericht Seite 7.
2) Bericht Seite 6.

Gebrauch untersagen: wer eben ein ihm werthvolles Zeichen nicht eintragen läßt, hat die Folgen der Unterlassung sich selbst zuzuschreiben, leidet die Folgen seiner eigenen Passivität.[1])

Je nachdem der in das Zeichenrecht Eingreifende im guten Glauben oder wissentlich oder grobfahrlässig gehandelt hat, sind die Schutzmittel des Zeicheninhabers, wie unten gezeigt werden wird,[2]) verschieden.

§ 7

Die Uebertragung des Zeichenrechts.

Das Zeichen bildet keinen selbstständigen Vermögensgegenstand. Das Recht seiner ausschließlichen Benutzung steht einer Person, wie bereits erwähnt, nur in ihrer Eigenschaft als Inhaber oder Vertreter eines Geschäftsbetriebes zu.

Hieraus ergiebt sich die Bestimmung des § 7 des Gesetzes, welche die Uebertragung des Zeichenrechts betrifft. Das Zeichenrecht kann nicht anders als mit dem Geschäftsbetriebe, zu welchem das Zeichen gehört, auf einen anderen, sei es durch Vertrag, sei es durch Erbfolge, übergehen.

Die Rechtsgültigkeit der Uebertragung ist durch den Vermerk in der zur Aufnahme der Zeichen gebildeten Zeichenrolle nicht bedingt.

Solange aber der Uebergang des Zeichens in der Rolle nicht vermerkt ist, kann der Rechtsnachfolger sein Recht aus der Eintragung dritten Personen gegenüber nicht geltend machen.

Wenn auch die gleichzeitige Anmeldung desselben Waarenzeichens für gleiche Waaren zum Zwecke der Benutzung durch mehrere Geschäftsbetriebe nach dem Gesetze nicht zulässig ist, so ist doch die weitere Eintragung eines bereits in die Zeichenrolle aufgenommenen Zeichens für einen Zweiten und Dritten u. s. w. als Kennzeichen derselben Waare angängig, sofern der Erstberechtigte nicht gemäß § 5 des Gesetzes Wider-

---

[1]) Bericht Seite 6.
[2]) Vgl. § 21 ff. der Arbeit.

spruch erhebt;[1]) auch steht privaten Vereinbarungen[2]) nichts im Wege, nach welchen das für Einen eingetragene Waarenzeichen auch von Anderen für dieselben Waaren benutzt werden kann.[1])

Ebenso, wie das durch die Eintragung begründete Zeichenrecht durch Vertrag und Erbfolge auf Andere übertragen werden kann, ebenso das mit dem Momente der Anmeldung entstehende Recht auf das Zeichen. Seine Uebertragung ist aber eine durch die künftige Eintragung bedingte.

§ 8.

Die Dauer des Zeichenrechts.

Die Gültigkeitsdauer eines Zeichens ist im Gesetze auf 10 Jahre von der Anmeldung ab festgesetzt.

Während dieser Frist und selbst beliebige Zeit vor ihrem Ablaufe kann die Erneuerung der Anmeldung mit der Wirkung erfolgen, daß vom Zeitpunkte der Erneuerung — nicht vom Zeitpunkte des Fristablaufs — ab eine neue Frist von 10 Jahren zu laufen beginnt.[3])

Hat der Zeicheninhaber die Erneuerung verabsäumt, so erfolgt sie trotzdem, wenn er bis zum Ablaufe eines Monats nach Zustellung der gesetzlich vorgesehenen Benachrichtigung von Seiten des Patentamtes unter Zahlung einer Gebühr von 10 Mark neben der Erneuerungsgebühr, die Erneuerung der Anmeldung nachholt. (§ 8, Abs. 3 des Gesetzes.)

Die Erneuerung gilt dann als am Tage des Ablaufs der ersten zehnjährigen Frist geschehen. (Ebenda.)

Eine weitere Erneuerung des Zeichens erscheint nach dem Gesetze ausgeschlossen.

---

[1]) Bericht S. 2, erste Berathung des Reichstages, S. 882.

[2]) Diese Vereinbarungen können ganz formlos geschlossen werden, selbst Mündlichkeit genügt. Landgraf, Patentgesetz, S. 135.

[3]) Begründung S. 14.

§ 9.

Die Beendigung des Zeichenrechts.

Das Schutzrecht kann seine Beendigung sowohl mit, als auch ohne und gegen den Willen des Berechtigten durch Löschung iu der Zeichenrolle finden.

Auf Antrag des Berechtigten wird zu jeder Zeit das Zeichen in der Rolle gelöscht. (§ 8, Abs. 1 des Gesetzes.)

Von Amts wegen, im öffentlichen Interesse, erfolgt die Löschung: (ebenda, Abs. 2 des Gesetzes)

1. wenn seit der Anmeldung des Zeichens oder seit ihrer Erneuerung 10 Jahre verflossen sind,
2. wenn die Eintragung des Zeichens hätte versagt werden müssen, also nicht eintragungsfähige Zeichen angemeldet und eingetragen sind.

Beide Fälle bedürfen nach dem Voraufgegangenen keiner weiteren Erörterung.

Aber auch ein Dritter kann gegen den Willen des Berechtigten die Löschung eines Waarenzeichens aus den im § 9, Abs. 1 des Gesetzes angeführten Gründen im Wege der Klage vor den ordentlichen Gerichten beantragen, Gründen, die sich theils auf privates, theils auf öffentliches Interesse stützen.

Unter den auf ein privates Interesse sich gründenden Fällen der Löschung steht in erster Linie der Fall der Collision eines Zeichens mit dem durch eine frühere Eintragung begründeten Rechte.

Das Gesetz bestimmt hierüber in § 9 Abs. 1 unter No. 1:

> Das Zeichen ist zu löschen, wenn es für einen Dritten auf Grund einer früheren Anmeldung für dieselben oder gleichartige Waaren, in der Zeichenrolle oder in den nach Maßgabe des Gesetzes über den Markenschutz vom 30. November 1874 geführten Zeichenregistern eingetragen steht.

Es ist bereits erklärt worden, daß trotz einer amtlichen Vorprüfung der angemeldeten Zeichen für gleiche oder gleichartige Waaren verschiedener Personen ein und dasselbe Zeichen in der Zeichenrolle eingetragen werden kann, wenn der Erstberechtigte nämlich hiergegen keinen Widerspruch erhebt.

Es kann aber sehr leicht vorkommen, daß die Gründe, welche den Zeicheninhaber früher bestimmten, der Eintragung eines anderen nicht zu widersprechen, später in Wegfall kommen. Daher ist ihm auch späterhin das Recht eingeräumt, auf Löschung des Zeichens klagbar zu werden.

Die beiden anderen Fälle, in denen ein Dritter die Löschung eines Zeichens im Wege der Klage beantragen kann, sind die in No. 2 und 3 Absatz 1 § 9 aufgeführten. Sie lauten:

Ein Dritter kann die Löschung eines Waarenzeichens beantragen:

2. wenn der Geschäftsbetrieb, zu welchem das Waarenzeichen gehört, von dem eingetragenen Inhaber nicht mehr fortgesetzt wird,
3. wenn Umstände vorliegen, aus denen sich ergiebt, daß der Inhalt des Waarenzeichens den thatsächlichen Verhältnissen nicht entspricht und die Gefahr einer Täuschung begründet.

Zu 2. Ein Geschäftsbetrieb ist von dem eingetragenen Inhaber dann als nicht mehr fortgesetzt zu erachten, wenn er bezüglich der Waaren, für welche das Zeichen bestimmt ist, überhaupt aufhört oder wenn eine Trennung in der Inhaberschaft des Gewerbebetriebes und des Waarenzeichens eintritt.[1])

In diesen Fällen ist also ein Löschungsgrund gegeben.

Die Löschung ist dagegen dann nicht zugelassen, wenn der Gewerbebetrieb aus irgend einem Grunde noch gar nicht begonnen hat[2]) oder nur vorübergehend eingestellt ist[3]) oder wenn der eingetragene Inhaber an der persönlichen Fortsetzung des Betriebes gehindert ist bezw. stirbt.

In Fällen der letzteren Art genügt die Fortsetzung des Betriebes durch die Erben oder sonstigen Rechtsnachfolger nach Maß-

---

[1]) Bericht S. 5.
[2]) R.-G.-E. C. Bd. 30, S. 1.
[3]) R.-G.-E. C. Bd. 15, S. 102 ff.

gabe des § 7 des Gesetzes zum Ausschluß der Löschung des Zeichens.[1])

Zu 3. Im öffentlichen Interesse will das Gesetz die Prüfung dieses Punktes durch das Patentamt vor der Eintragung (vgl. § 4, Abs. 1 No. 1 des Gesetzes) nicht als abschließend ansehen, vielmehr dem Betheiligten die Möglichkeit lassen, die zur Beurtheilung gelangenden, oft recht schwierigen Verhältnisse nochmals im Wege des Prozesses erschöpfend zur Würdigung zu bringen, besonders auch neue, bei der Eintragung noch nicht bekannt gewesene Umstände an das Gericht zur Beurtheilung verweisen.

Ein beschränktes Löschungsrecht ist nach § 9, Abs. 2 des Gesetzes endlich auch für diejenigen Waarenzeichen gegeben, welche nach dem älteren Gesetze vom Schutze ausgeschlossen,[2]) aber innerhalb betheiligter Verkehrskreise als Kennzeichen der Waaren eines bestimmten Geschäftsbetriebes in Geltung waren und auf Grund des gegenwärtigen Gesetzes anmeldungsfähig geworden sind; hat ein Dritter sich ein solches Zeichen angeeignet und zur Eintragung gebracht, so steht Demjenigen, welcher bisher dieses Zeichen führte, bis zum 1. Oktober 1895 das Recht zu, die Löschung des Dritten und seine eigene sofortige Eintragung zu beantragen.

Alle genannten Fälle bilden die Rechtsgründe für die Beendigung des Zeichenrechts, bewirken das Erlöschen des Rechts. Die Löschung des Zeichens in der Zeichenrolle ist damit nicht zu verwechseln; sie ist nur der formelle, die Beendigung des Zeichenrechts lediglich beurkundende Akt.

Beide Momente können sehr wohl zeitlich auseinander liegen. Daher dürfen im Falle der Löschung eines Zeichens Rechte aus der Eintragung nicht mehr geltend gemacht werden für diejenige Zeit, in welcher ein Rechtsgrund für die Löschung bereits vorlag. (§ 12, Abs. 2 des Gesetzes.) Näher läßt sich dieser Zeitpunkt, von welchem ab das Zeichenrecht als beseitigt gelten soll, allgemein

---

[1]) Bericht S. 5, am Ende.

[2]) Sei es, daß sie an sich nicht anmeldungsfähig wären, z. B. Phantasieworte, sei es, daß den Benutzenden das Recht der Zeichenanmeldung überhaupt fehlte, z. B. den Handwerkern.

nicht bestimmen. Das wird in jedem einzelnen Falle verschieden sein, je nachdem früher oder später ein solcher Grund eingetreten war.

b) Das formelle Zeichenrecht.

§ 10.

Die Zusammensetzung des Patentamts in den auf Waarenzeichen bezüglichen Angelegenheiten.[1])

Für die auf Waarenzeichen bezüglichen Angelegenheiten ist eine besondere Abtheilung im Patentamte gebildet. An diese „Abtheilung für Waarenzeichen" sind alle Eingaben, Gesuche u. s. w. zu richten.

Die Abtheilung besteht aus einem rechtskundigen Mitgliede als Vorsitzenden und aus Mitgliedern, welche rechtskundig oder in einem Zweige der Technik sachverständig sind; ihre Beschlußfähigkeit ist durch Anwesenheit von mindestens 3 Mitgliedern bedingt.

Für Beschwerden gegen die Beschlüsse dieser Abtheilung ist die Beschwerdeabtheilung I des Patentamts zuständig; sie entscheidet in Besetzung von 5 Mitgliedern, von denen mindestens 2 rechtskundig sein müssen.

Zu den Berathungen der Abtheilungen können Sachverständige, welche nicht Mitglieder sind, zugezogen werden.

Die Thätigkeit der Abtheilungen im Einzelnen wird die folgende Darstellung ergeben.

§ 11.

Die Anmeldung des Zeichens.[2])

I. Das Gesuch. Die Zeichenanmeldung hat in Form eines schriftlichen Gesuches zu erfolgen; für jedes angemeldete Zeichen ist ein besonderes Gesuch erforderlich.

Dieses muß enthalten:

[1]) Vgl. Verordnung zur Ausführung des Gesetzes vom 30. 6. 94.
[2]) Vgl. Bestimmungen des Patentamts hierüber vom 2. 7. 94.

1) Die Angabe des Namens, der Berufsstellung, des Wohnorts oder der Niederlassung des Anmelders.

2) Den Antrag, daß das Waarenzeichen in die Zeichenrolle eingetragen werde.

Den obigen Ausführungen über Begriff und Wahl des Waarenzeichens sind hier nur wenige Bemerkungen über Anzahl, Aeußeres und Anbringung der Zeichen eines Gewerbetreibenden hinzuzufügen.

Für Waaren verschiedenster Art kann ein einziges Zeichen von einem Gewerbetreibenden gewählt werden, wenn er Interesse daran hat, seine verschiedenartigen Waaren als Gegenstände seines Zeichenrechts zusammenzufassen.[1]) Er kann aber auch mehrere Waarenzeichen zur Eintragung seiner verschiedenen Waaren anmelden;[2]) daß er endlich für eine und dieselbe Waarengattung mehrere verschiedene Zeichen anmelden und eintragen lassen kann, wenn sich im Handel nach überseeischen Ländern für eine Waare je nach deren Bestimmungsorte verschiedene Zeichen eingebürgert haben, ist in den Motiven zum Gesetze von 1874 zu § 2 ausgesprochen und gilt wohl auch noch für das gegenwärtige Gesetz.

Der Anmelder ist nicht verpflichtet, durch Zusätze wie: „geschützt", „Marke" u. s. w. auf die Zeichenqualität aufmerksam zu machen.[3])

Das Zeichen kann in einer Abbildung, Vignette, einem Sinnbilde bestehen, mag sie symbolische Bedeutung haben oder ganz willkürlich gewählt sein, z. B. sich kreuzende Schwerter, Sonne, Sterne in einem Dreieck, Merkurstab, Thiere, Blumen und dergl. können als „Marken" Verwendung finden.[4])

Das Zeichen kann auch aus Chiffern bestehen, worunter man ganz bedeutungslose Zeichen versteht, die in einer Arabeske, in Linien einer gewissen Form, in eigenthümlich verschlungenen Buchstaben, sogenannten Monogrammen bestehen.[4])

---

[1]) Bericht S. 10.
[2]) Bericht S. 1. Begründung S. 10.
[3]) Bericht S. 6.
[4]) Landgraf, das Markenschutzgesetz, S. 26.

Das Zeichen wird in den meisten Fällen ein lineares, ein Flächenerzeugniß sein; allein es steht nichts entgegen, daß auch ein Erzeugniß der Plastik als Waarenzeichen verwendet wird, z. B. eine in Hautrelief ausgeführte Figur, ein Zeichen in der Gestalt eines Nagelkopfes, Knopfes, Ringes, Schildchens u. s. w.[1])

Auch Privatwappen und Porträts[2]) können als Waarenzeichen benutzt werden.

Die Farbe einer Waare kann zwar, wie gezeigt, nicht als Waarenzeichen dienen, wohl aber kann die Farbe des Zeichens selbst als Bestandtheil eines solchen gelten; werden eine oder mehrere Farben als Zeichen mitangemeldet, so genießen auch sie den gesetzlichen Schutz.[3])

Die Anbringung des Waarenzeichens auf der Waare oder deren Verpackung kann auf verschiedene Art erfolgen; durch Einpressen, Eingraviren, Einbrennen, Einstanzen, Eindrücken, Einradiren, Etiquettiren 2c., nur wird man bei Anbringung des Zeichens auf der Verpackung Obacht geben müssen, daß das zur Kenntlichmachung der Waare dienende Zeichen nicht als das des Verpackungsmittels angesehen wird. Dies ist leicht dann möglich, wenn Verpackungsmittel selbstständige Gegenstände des Handelsverkehrs geblieben sind und von ihren Produzenten mit demselben Zeichen versehen werden, welches einem anderen zur Bezeichnung der darin verpackten bezw. der damit umhüllten Waaren dient, z. B. Einpressen in die Wandung eines Glasgefäßes ist zur Bezeichnung der Herkunft des Gegenstandes selbst, nicht seines Inhaltes bestimmt. Darum wähle man in diesem Falle das Etiquettiren oder Kapseln oder Siegeln der Flaschen mit dem für den Inhalt geschützten Waarenzeichen oder das Einbrennen derselben in die Korken.[4])

3) Die Bezeichnung des Geschäftsbetriebes, in welchem das Zeichen verwendet werden soll, ist in der Anmeldung zu ver-

[1]) Jurist. Wochenschrift von 1891, S. 423.
[2]) Bolze, Praxis des R.-G. in Civilsachen, Bd. XI. No. 108, S. 52.
[3]) Juristische Wochenschrift von 1888, S. 24—44.
[4]) R.-G.-E. C. Bd. 29, S. 46.

merken, damit der unlösbare Zusammenhang zwischen dem Zeichen und dem wirthschaftlichen Umfange eines bestimmten Geschäfts dem Publikum gegenüber erkennbar gemacht wird.

4) Ein Verzeichniß der Waaren, für welche das Zeichen verwendet werden soll. Dasselbe muß genau und spezifizirt die einzelnen Waaren bezeichnen. Allgemeine Angaben von Waarengattungen wie z. B. Kurzwaaren, Textilwaaren, Kleineisenwaaren, Maschinen, chemische Produkte werden nicht zugelassen, weil sie wegen ihrer Unbestimmtheit und Vieldeutigkeit vielfach über die Grenzen des durch die Anmeldung begründeten Rechts zu Unsicherheiten im Verkehr Anlaß gaben.

5) die Erklärung, daß die gesetzliche Gebühr von 30 M. an die Kasse des Patentamts — Berlin NW., Luisenstraße 33/34 — eingezahlt sei oder gleichzeitig mit der Anmeldung eingehen werde, sofern die Eintragung nicht unentgeltlich zu erfolgen hat (§ 24 des Gesetzes vom 12. Mai 1894).

6) Die Aufführung der Anlagen des Gesuchs unter Angabe ihrer Nummer und ihres Inhalts.

7) Die Unterschrift des Anmelders oder seines Vertreters.

Vertreter haben ihre Bevollmächtigung durch eine Vollmacht nachzuweisen.

Die Vollmachten müssen auf prozeßfähige, mit ihrem bürgerlichen Namen bezeichnete Personen lauten. Sind mehrere Personen bevollmächtigt, so gelten sie für befugt, sowohl gemeinschaftlich, als auch einzeln die Vertretung wahrzunehmen.[1])

Das Gesuch ist in zwei Ausfertigungen einzureichen. Zu dem Gesuch sowie zu allen sonstigen Schriftstücken sind ganze Bogen in der Größe von 33 zu 21 cm zu verwenden. Die Schriftstücke müssen leserlich geschrieben oder gedruckt sein.

II. Die Anlagen. Dem Gesuch ist eine Darstellung des Zeichens in vier gleichen Ausfertigungen beizufügen, von denen zwei je auf einen mit Heftrand versehenen halben Bogen zu kleben

[1]) Kaiserl. Verordnung vom 1. 6. 91. § 28 bezw. Verordnung zur Ausführung des Gesetzes vom 30. 6. 94 § 8.

sind. Uebersteigt die Darstellung die Größe von 33 zu 21 cm, so ist zu derselben Zeichenleinwand zu verwenden. Die Darstellung muß sauber und dauerhaft ausgeführt sein und die wesentlichen Bestandtheile des Zeichens deutlich erkennen lassen.

Neben der Darstellung, welche in jedem Falle der Anmeldung beigefügt sein muß, soll eine Beschreibung des Zeichens in zwei Ausfertigungen dann dem Patentamte eingereicht werden können, wenn nach dem Ermessen des Anmelders die bildliche Wiedergabe des Zeichens das Wesen desselben nicht hinreichend klar veranschaulicht. Es wird dies insbesondere bei den in Wörtern bestehenden Zeichen anzurathen sein, um erkennbar zu machen, daß nicht nur die besondere figürliche Gestalt, welche das Wort in Druck und Schrift dem Auge bietet, zum Alleingebrauch vorbehalten wird, sondern der beanspruchte Schutz sich auch auf dessen sprachliche Verwendung zur Bezeichnung von Waaren erstrecken soll.[1])

Modelle und Probestücke der mit dem Zeichen versehenen Waare sind, wenn der Anmelder ihre Einreichung für erforderlich erachtet, ebenfalls in zwei Ausfertigungen einzureichen.

Als Anlage des Gesuchs muß ferner im Falle der früheren Eintragung eine Bescheinigung der Registraturbehörde beigefügt werden. Handelt es sich um die Anmeldung eines in Gemäßheit des Gesetzes über Markenschutz vom 30. November 1874 eingetragenen Waarenzeichens (§ 24 des Gesetzes vom 12. Mai 1894), so ist mit der Anmeldung eine beglaubigte Abschrift der in dem bisherigen Register enthaltenen Eintragungen vorzulegen. War das Zeichen auf Grund eines älteren landesgesetzlichen Schutzes eingetragen, so ist darüber außerdem eine Bescheinigung der Registerbehörde beizubringen.

Die Anlagen und Nachträge des Gesuchs, einschließlich der Darstellungen, Probestücke u. s. w., müssen mit einer Aufschrift

---

[1]) Begründung S. 10.

versehen sein, welche sie als Bestandtheile der Anmeldung kennzeichnet.

Probe-Formulare für die Anmeldung:

I.

Eintragungsgesuch für noch nicht eingetragene Waarenzeichen.

den ten 189

Dem Kaiserlichen Patentamte beehr
in der Anlage

1. die Darstellung eines Waarenzeichens in 2 gleichen Ausfertigungen,
2. eine Beschreibung desselben,
3. ein Muster der mit demselben versehenen Waare

mit dem ergebensten Ersuchen zu überreichen,

das aus d Anlage ersichtliche Waarenzeichen in die Zeichenrolle einzutragen.

Als Zeicheninhaber wünsch

eingetragen zu werden; in Geschäfte, für welches das Zeichen Verwendung finden soll, wird

betrieben.

Das Zeichen, welches noch nicht eingetragen ist, ist für folgende Waaren bestimmt:

Im Falle der Eintragungfähigkeit des Zeichens beantrage ergebenst, die Anfertigung des Druckstockes auf Kosten zu veranlassen.

Die gesetzliche Gebühr von 30 Mark
heute an die Kasse des Kaiserlichen Patentamtes eingezahlt.
Eine zweite Ausfertigung dieses Gesuchs wird beigefügt.

An das
Kaiserliche Patentamt
hier.

II.

Eintragungsgesuch für bereits geschützte Zeichen.

den ten 189

Dem Kaiserlichen Patentamte beehre
in der Anlage

1. die Darstellung eines Waarenzeichen in 2 gleichen Ausfertigungen,
2. eine Beschreibung desselben,
3. ein Muster der mit demselben versehenen Waare,
4. eine beglaubigte Abschrift der früheren Eintragung aus dem Zeichenregister des Amtsgerichts zu ,
5. eine Bescheinigung des Amtsgerichts zu vom ,

mit dem ergebensten Ersuchen zu überreichen:

das aus d... Anlage ersichtliche Waarenzeichen in die Zeichenrolle einzutragen.

Das Zeichen, welches bisher ausweislich der Anlage № in dem Zeichenregister des .... Amtsgerichts zu.. eingetragen war, ist für folgende Waaren bestimmt:

Die frühere Eintragung war, wie die Anlage № ergiebt, auf Grund eines älteren landesgesetzlichen Schutzes erfolgt.

Als Zeicheninhaber wünsche .... wie bisher eingetragen zu werden; in .... Geschäfte, für welches das Zeichen verwendet werden soll, wird

....

betrieben.

Eine zweite Ausfertigung dieses Gesuches wird beigefügt.

An das
Kaiserliche Patentamt
hier.

§ 12.

Die Prüfung des angemeldeten Zeichens durch das Patentamt.

I. Die Prüfung des Patentamts hat sich darauf zu erstrecken, ob die Anmeldung den eben behandelten Erfordernissen des Gesetzes und der Ausführungsbestimmungen genügt und ob das Zeichen den subjektiven und objektiven Voraussetzungen nach eintragungsfähig ist.

Sind diese Vorbedingungen erfüllt, so wird die Eintragung des Zeichens beschlossen und vollzogen.

Erscheint dagegen bei der Vorprüfung die Anmeldung als nicht genügend oder das Zeichen als nicht eintragungsfähig, so wird der Anmeldende durch Vorbescheid aufgefordert, die Mängel in einer bestimmten Frist zu beseitigen. Wenn innerhalb derselben keine Erklärung von Seiten des Anmelders erfolgt, so gilt die Anmeldung als zurückgenommen, anderenfalls faßt die Anmeldeabtheilung Beschluß.

Gegen den zurückweisenden Beschluß steht dem Anmelder innerhalb eines Monats nach Zustellung das Recht der Beschwerde zu. (§ 10, Abs. 1 und 2 des Gesetzes.)

II. Ferner hat das Patentamt vor der Eintragung des Zeichens nach §§ 5 und 6 des Gesetzes in eine Prüfung der Frage einzutreten, ob ein zur Anmeldung gebrachtes Zeichen mit einem anderen, für dieselben oder gleichartigen Waaren auf Grund des früheren oder gegenwärtigen Gesetzes bereits eingetragenen Zeichen übereinstimmt.

Ein Zeichen stimmt aber mit einem anderen überein, nicht nur, wenn es demselben völlig nachgebildet ist, sondern nach § 20 des Gesetzes auch dann schon, wenn es ungeachtet seiner etwaigen Abweichungen eine Aehnlichkeit aufweist, welche die Gefahr einer Verwechselung im Verkehr begründet.[1])

Eine Uebereinstimmung zweier Zeichen hat jedoch, wie hervorzuheben, nur dann Einfluß auf die Eintragungs-

[1]) Begründung S. 14; vgl. § 21 der Schrift.

fähigkeit des zuletzt angemeldeten Zeichens, wenn beide für gleiche oder gleichartige Waaren eingetragen werden sollen, also wenn wirklich eine Kollision möglich ist. Dieselben Zeichen können für ganz verschiedene Waaren ohne Weiteres verwandt werden, sind also nicht etwa überhaupt nur einmal eintragungsfähig.

Bei Prüfung der Frage, ob Waaren gleich oder gleichartig sind, soll das Patentamt den Kreis der Waaren, auf welche sich eine frühere Eintragung bezieht, nicht zu eng begrenzen dürfen und im Zweifelsfalle den Antragsteller abweisen.

Wäre z. B. ein Zeichen für Meerschaumpfeifen eingetragen, so würde eine Anmeldung desselben Zeichens für Holzpfeifen ohne Zweifel vom Patentamt zurückzuweisen sein. Ein zur Kennzeichnung von Briefpapier eingetragenes Zeichen wird einem Zweiten nicht für Schreibpapier geschützt werden können. Ein für lackirte Blechwaaren, Eimer, Tabletten, Schalen u. s. w. geschütztes Zeichen kann nicht zu Gunsten eines Andern eingetragen werden für die äußerlich ganz ähnlichen oder gleich aussehenden lackirten, aus Papier hergestellten Eimer, Tabletten, Schalen u. s. w. Das Patentamt wird bei Beurtheilung dieser Frage nicht darauf den Hauptwerth zu legen haben, ob die Waaren, für welche ein Zeichen angemeldet wird, sich von den Waaren, für welche dasselbe Zeichen bereits geschützt ist, durch Herstellung oder Material unterscheiden, sondern es wird auch hier darnach zu urtheilen sein, ob die Möglichkeit einer Verwechselung oder Täuschung im Verkehr vorliegt.

Die Prüfung des Patentamts[1]) ist demnach mit Bezug auf §§ 5 und 6 des Gesetzes eine doppelte, auf die Uebereinstimmung der in Vergleich kommenden Zeichen und Waaren sich beziehende. Unter „Uebereinstimmung der Zeichen" im Sinne dieser Paragraphen ist demnach immer das Resultat der Gesammtprüfung und Entscheidung bezüglich der Waaren und Zeichen zu verstehen.[2]) Selbstverständlich liegt diese Uebereinstimmung schon in dem einen oder anderen Falle vor.

[1]) Bericht S. 2.
[2]) Bericht S. 4 u. 5.

Hat die Prüfung der Anmeldung ergeben, daß die Eintragung des Zeichens in die Rolle erfolgen kann, so hat der Anmelder einen für die Vervielfältigung des Zeichens bestimmten Druckstock einzureichen.

Der Druckstock muß ein Holzschnitt, eine Zinkätzung oder ein Galvano sein. Behufs seiner Verwendbarkeit in der Buchdruckpresse muß er eine Schrifthöhe von 2,4 cm besitzen. Seine Größe soll 6,5 cm in Höhe und Breite nicht übersteigen; in Ausnahmefällen kann, falls die Deutlichkeit es erfordert, eine größere Ausführung zugelassen werden.

Der Druckstock muß derart beschaffen sein, daß er das angemeldete Zeichen in allen wesentlichen Theilen deutlich wiedergiebt. Ein mittels desselben gefertigter Abdruck des Zeichens ist in zwei Ausführungen beizufügen.

Auf Antrag des Anmelders kann auf Kosten desselben die Anfertigung des Druckstocks durch das Patentamt veranlaßt werden.

Das im Falle der Collisionen von Zeichen vorgeschriebene Verfahren soll in einem besonderen Paragraphen erörtert werden.

§ 13.

Das Verfahren bei Collision zweier Zeichen.

Hat die Prüfung der Anmeldung ergeben, daß eine Uebereinstimmung zweier Zeichen vorliegt, dann giebt das Patentamt dem eingetragenen Zeicheninhaber hiervon Nachricht.[1]) Wenn dieser nicht innerhalb eines Monats nach Zustellung der Mittheilung[2]) Widerspruch gegen die Eintragung des neu angemeldeten Zeichens erhebt, so ist das Letztere einzutragen; widerspricht er jedoch der Eintragung, so entscheidet das Patentamt über die Uebereinstimmung. Im Falle ihrer Verneinung wird die Eintragung bewirkt, im Falle der Bejahung ist sie zu versagen.

Gegen den letzteren Beschluß kann der Antragsteller innerhalb eines Monats nach Zustellung das Rechtsmittel der Beschwerde einlegen.

1) Aus dem Unterbleiben erwächst kein Ersatzanspruch.
2) Durch eingeschriebenen Brief.

Der in der Beschwerdeinstanz ergehende Beschluß des Patentamts ist ein endgültiger — wenigstens bezüglich der rein technischen Seite der in Betracht kommenden Fragen.

Sofern der Anmelder aber geltend machen will, daß ihm ungeachtet der durch die Entscheidung des Patentamts festgestellten Uebereinstimmung ein Anspruch auf die Eintragung zustehe, hat er diesen Anspruch im Wege der Klage vor dem ordentlichen Gerichte gegenüber dem Widersprechenden zur Anerkennung zu bringen. (§ 6, Abs. 2 des Gesetzes). In diesem Verfahren würden also Rechtsfragen zur Sprache kommen, die mit dem Zeichenrechte an sich durchaus nicht zusammenhängen und auf den verschiedensten Gebieten des Privatrechts liegen können, z. B. wenn der Antragsteller sich darauf beruft, daß der Inhaber des Zeichens sich ihm gegenüber vertraglich verpflichtet habe, seine Eintragung zu dulden und der Zeicheninhaber hiergegen den Einwand der Ungültigkeit dieses Vertrages wegen Zwanges, Betruges, Irrthums, mangelnder Dispositionsfähigkeit des Anderen erhebt.[1])

Siegt der Zeichenanmelder in dem Rechtsstreite, so wird die Eintragung seines Zeichens unter dem Zeitpunkte der ursprünglichen Anmeldung bewirkt.

§ 14.

Die Eintragung des Zeichens und der Inhalt der Zeichenrolle.

Die Eintragung des Zeichens erfolgt in der bei dem Patentamte geführten Zeichenrolle; über die Eintragung erhält der Zeicheninhaber eine Bescheinigung. Außerdem wird sie amtlich bekannt gemacht; auch werden in regelmäßiger Wiederholung Ueberſichten über die Eintragungen veröffentlicht.

Die zur Einsicht Aller ausliegende Zeichenrolle muß, um über alle an ein Zeichen sich knüpfenden Rechtsbeziehungen zuverlässige Auskunft zu geben, sämmtliche für die Beurtheilung seines Geltungsbereichs erheblichen Thatsachen enthalten; nach diesem

---

[1]) Erste Berathung des Reichstages S. 878.

Gesichtspunkte ist der Inhalt der Zeichenrolle, wie folgt, festgestellt.

Sie enthält nach § 3 des Gesetzes:

1. den Zeitpunkt des Eingangs der Anmeldung;
2. die nach § 2 Absatz 1 der Anmeldung beizufügenden Angaben;
3. Namen und Wohnort des Zeicheninhabers und seines etwaigen Vertreters, sowie Aenderungen in der Person, im Namen oder im Wohnorte des Inhabers oder des Vertreters;
4. den Zeitpunkt einer Erneuerung der Anmeldung;
5. den Zeitpunkt der Löschung des Zeichens.

§ 15.

Die Uebertragung des Zeichens.

Die formelle Uebertragung des Zeichens — nicht zu verwechseln mit der Uebertragung des Zeichenrechts — vollzieht sich auf Grund eines Antrages des Rechtsnachfolgers, sofern die Einwilligung des Berechtigten in beweisender Form beigebracht wird. Wenn dieser verstorben ist, muß der Nachweis der Rechtsnachfolge geführt werden. Ergiebt sich hierbei ein Anstand, so wird dem Antragsteller zunächst durch Vorbescheid die Behebung desselben aufgegeben; nach Ablauf der gesetzten Frist beschließt das Patentamt bezüglich der Uebertragung.

Gegen den dieselbe ablehnenden Beschluß steht dem Antragsteller innerhalb eines Monats nach Zustellung das Recht der Beschwerde zu.

Um darauf hinzuwirken, daß Aenderungen in der Person des Berechtigten alsbald zur Eintragung gelangen, darf der Rechtsnachfolger vor der Eintragung sein Recht anderen Personen gegenüber nicht geltend machen und hat zu gewärtigen, daß alle Verhandlungen über das Zeichen, selbst soweit sie dessen Rechtsbestand zum Gegenstand haben, lediglich mit dem noch in der Rolle eingetragenen Inhaber gepflogen werden.

Formulare für Gesuche um Umschreibung:

a) Im Falle eines Vertrages.

., den ...ten ... 189

Für d... steht in der Zeichenrolle des Kaiserlichen Patentamts ein Waarenzeichen unter № ... eingetragen.

Dieses Waarenzeichen, sowie der Geschäftsbetrieb, in welchem das Zeichen verwendet wurde, ist durch anliegenden Vertrag (Anlage 1) auf ...

...

übertragen worden.

In dem genannten Vertrage — der Anlage 2 — ist die Einwilligung des bisher Berechtigten zur Umschreibung des Waarenzeichens auf ...

enthalten.

Auf Grund dessen beantrage ... ergebenst den Uebergang des Waarenzeichens auf ... in der Zeichenrolle zu vermerken.

An das
Kaiserliche Patentamt
hier.

b) Im Falle des Todes des Eingetragenen.

..., den ...ten ... 189

Für ...

steht ein Waarenzeichen unter № ... in der Zeichenrolle des Kaiserlichen Patentamts eingetragen.

D...selbe ist am ... verstorben und bin — sind wir — ich d... Unterzeichnet... und

...

...

ausweislich der in der Anlage überreichten Testamentsausfertigung — Ausfertigung des Erbeslegitimationsattestes — ... Erben geworden.

Ich — die Erben — werde... den Geschäftsbetrieb d... Erblasser... unter der — bisherigen — Firma:

...

fortsetzen und beantrage... ergebenst den Uebergang des Waarenzeichens auf mich — uns — als Erben in der Zeichenrolle zu vermerken.

An das
Kaiserliche Patentamt
hier.

§ 16.

Die Löschung des Zeichens.

Auf Antrag des Zeicheninhabers wird das Zeichen jederzeit gelöscht.

In denjenigen Fällen, in welchen von Amtswegen d. h. ohne Antrag des Zeicheninhabers die Löschung erfolgen soll, giebt das Patentamt diesem zuvor Nachricht. Widerspricht er innerhalb eines Monats nach der Zustellung nicht, so erfolgt die Löschung; widerspricht er, so wird der Widerspruch durch Vorbescheid und Beschluß erledigt.[1])

Gegen den die Löschung anordnenden Beschluß steht dem Inhaber das Rechtsmittel der Beschwerde innerhalb eines Monats nach Zustellung zu.

Wenn die Löschung auf Antrag eines Dritten erfolgen soll, so kann dies nur im Wege der Klage vor dem ordentlichen Gerichte geschehen und zwar ist dieselbe gegen den eingetragenen Inhaber oder, wenn er gestorben, gegen dessen Erben zu richten. Ausgenommen hiervon ist allein der Fall der Beendigung des Geschäftsbetriebes, in welchem der Löschungsantrag zunächst an das Patentamt gerichtet werden kann, weil in den meisten Fällen die Feststellung der Voraussetzungen zu keiner Meinungsverschiedenheit Anlaß geben wird; erst bei Widerspruch des benachrichtigten Eingetragenen ist der Antragsteller auf den Weg des Prozesses zu verweisen. (§ 9 Abs. 5 des Gesetzes.)

§ 17.

Die Uebergangs-Bestimmungen.

Das Gesetz, welches mit dem 1. Oktober 1894 in Kraft tritt, enthält folgende Uebergangsbestimmungen hinsichtlich der eingetragenen Zeichen:

---

[1]) Vgl. in § 15 der Schrift die gleichen Ausführungen.

Vom 1. Oktober 1894 ab werden Zeichen auf Grund des Gesetzes vom 30. November 1874 nicht mehr zur Eintragung angenommen.

Die nach Maßgabe dieses letzteren Gesetzes eingetragenen Waarenzeichen behalten bis zur Eintragung in die neue Zeichenrolle oder, sofern eine solche nicht erfolgt ist, bis längstens 1. Oktober 1898 Gültigkeit; mit diesem Tage erlischt der ihnen bis dahin gewährte Schutz.

Für die Umschreibung in die neue Zeichenrolle gelten folgende Grundsätze:

Die zu übertragenden Zeichen werden vom Patentamt daraufhin geprüft, ob sie bei ihrer ersten Eintragung, also auf Grund des alten Gesetzes schutzberechtigt waren. Soweit sich herausstellt, daß sie ihrem Inhalte nach zwar nicht dem alten Gesetze genügt haben, wohl aber dem neuen Gesetze entsprechen, sollen nur die Anforderungen des letzteren zu Grunde gelegt werden. In dem einen Falle haben indessen die zu übertragenden Zeichen, selbst wenn sie auch diesen Anforderungen nicht genügen, Anspruch auf Uebertragung in die neue Zeichenrolle, sofern sie nämlich zu den schon vor der reichsgesetzlichen Regelung des Markenschutzes nach Landesrecht geschützt gewesenen Zeichen gehören.

Die Eintragung der Zeichen geschieht unentgeltlich und unter dem Zeitpunkte der ersten Anmeldung, also unter Wahrung ihrer früheren Priorität. Ueber den Inhalt der ersten Eintragung ist ein Zeugniß der bisherigen Registerbehörde beizubringen.

Von dem bisher behandelten Waarenzeichen unterscheiden sich die übrigen Arten der Waarenbezeichnung, wie das Gesetz sie kennt, dadurch, daß sie nicht der Eintragung in die Zeichenrolle bedürfen, vielmehr unabhängig von allen Formalitäten ohne Weiteres gesetzlichen Schutz genießen.

II. Das Namen- und Firmenzeichen.

§ 18.

Den seit längerer Zeit in der Rechtssprechung anerkannten Grundsatz von den Individualrechten,[1]) d. h. den Rechten, welche das Rechtssubjekt Mensch in seiner Besonderheit, in den Rechtsgütern seines eigenen Selbst schützen, hat auch das vorliegende Gesetz anerkannt, indem es dem Namen, welcher zur Bezeichnung der Waaren dient, gesetzlichen Schutz verleiht.[2])

Für das Schutzrecht gilt der Grundsatz:

„Niemand soll dulden müssen, daß sein Name, die Bethätigung seiner Individualität, irgend wo gegen seinen Willen zum Zwecke der Waarenbezeichnung gebraucht wird.“[3])

Den Schutz genießt der Name, als Name der ihn führenden Person, als Personenname, und als Name des Geschäftes, welchem die Waaren angehören, als Firma, unabhängig von deren Eintragung im Handelsregister und zwar knüpft sich das Namenrecht an den Familien-Namen.[4])

Dabei ist zu beachten: Für die Frage, ob eine Waarenbezeichnung den Namen einer bestimmten Person wiedergiebt, ist nur diejenige Schreibweise des Namens maßgebend, in welcher die Person zu seiner Führung berechtigt ist, nicht aber der Schall oder der Klang, welcher sich je nach den verschiedenen Idiomen der Lesenden aus dem betreffenden Schriftsatze beim Sprechen ergiebt.[5])

Dasselbe gilt auch für die Firma. Sie muß aber, um als Waarenbezeichnung Schutz zu genießen, nicht nur in ihrer Schreib-

---

[1]) Kohler, S. 1.

[2]) Schon der Artikel 27 des Handelgesetzbuchs schützt gegen den unbefugten Gebrauch einer Firma; da indessen nach der Praxis das Reichsgericht eine unbefugte Bezeichnung der Waaren mit fremder Firma — meines Erachtens zu Unrecht — nicht als unbefugter Gebrauch einer Firma angesehen wird, so bedurfte es einer ausdrücklichen diesbezüglichen Vorschrift im vorliegenden Gesetze.

[3]) Endemann, Markenschutz, S. 61.

[4]) R.-G.-E. C. B. 7, S. 279 ff.

[5]) R.-G.-E. C. Bd. 25, S. 120.

weise, sondern auch zur Unterscheidung von anderen Firmen, mit allen den relativ kleinen Verschiedenheiten genau so wiedergegeben werden, wie ihr Führer sie angenommen hat, insbesondere mit allen Abkürzungen, Vornamen, der angenommenen Reihenfolge der Vornamen, den Anfangsbuchstaben und Zusätzen; denn nur so weit reicht das formelle Recht ihrer Ausschließlichkeit, ihr Schutzrecht.[1])

Ist auch in erster Reihe anzunehmen, daß Rechtsschutz nur der eigene echte Name findet, so ist doch sehr wohl auch denkbar, daß ein fremder Name, allerdings nur mit Zustimmung[2]) seines rechtmäßigen Trägers, als Waarenbezeichnung gebraucht wird; denn auch in diesem Falle ist kein Eingriff in das Individualrecht des Anderen vorhanden.

Dagegen liegt eine Störung dieses Rechts vor, wenn jemand einen fremden Namen ohne Erlaubniß des Berechtigten annimmt.

Die Wahl von fingirten Namen, wie sie z. B. Weinsorten (Champagner) gegeben werden, dürften von diesem Rechtsstandpunkte aus als Namenzeichen des Schutzes nicht fähig sein.[3])

Dies, auf die Firma angewendet, lautet:

Die Berechtigung des Geschäftsinhabers zur Führung einer Firma ist entscheidend für den Schutz seines Firmenzeichens als Waarenbezeichnung. Wann und wie weit im Einzelnen der Geschäftsinhaber zur Führung einer Firma berechtigt ist, bestimmen die Artikel 15 fg. H. G. B's. und bedarf hier weiter keiner Erörterung.

Führt hiernach jemand unbefugt, d. h. dem objektiven Rechte zuwider, einen fremden Namen oder eine fremde Firma als Waarenbezeichnung, so kann der Berechtigte von ihm die Unterlassung eventuell im Wege der Klage verlangen.

Die Führung der Firma hört aber auf, unbefugt zu sein, wenn der berechtigte Firmeninhaber vertraglich zu Gunsten des

[1]) R.-G. E. Bd. 20, S. 73 ff.

[2]) Die Zustimmung kann sowohl mündlich wie schriftlich geschehen.

[3]) Möglich wäre meines Erachtens der Schutz derselben als Waarenzeichen, wofern es sich um einen Phantasienamen handelt.

Anderen, die Firma Führenden, auf sein ausschließliches Recht verzichtet, oder, wenn der Geschäftsbetrieb der berechtigten Firma ganz erloschen ist, mag selbst ihre Löschung im Handelsregister aus irgend einem Grunde noch nicht erfolgt sein.[1])

Soviel über den Inhalt des Schutzrechts.

Was seinen Umfang betrifft, so entspricht er insofern demjenigen des Zeichenrechts, als auch der Name und die Firma nicht nur Schutz genießen, wenn sie auf der Waare selbst, sondern auch wenn sie auf der Verpackung oder Umhüllung derselben oder auf Ankündigungen, Preislisten, Geschäftsbriefen, Empfehlungen und dergl. angebracht werden.

Weitergehend ist dagegen der Umfang des Namen- und Firmenrechts insofern, als der Name und die Firma alle Waaren jeglicher Art schützen, welche mit einem von ihnen versehen sind, während das Waarenzeichen nur den bestimmten angemeldeten Waaren Schutz verleiht.

Natürlich versagt der vom Gesetze beabsichtigte Rechtsschutz seinen Dienst, wenn Identität des Namens oder der Firma zwischen mehreren Handeltreibenden vorliegt;[2]) und dies wird um so häufiger der Fall sein, als für die Frage der Identität nicht nur im Handelsregister eingetragene und nicht eingetragene Firmen, nicht nur die Gewerbetreibenden eines einzelnen Geschäftszweiges, eines Ortes oder eines Landes, sondern die Gewerbetreibenden der ganzen Welt in Frage kommen. Da jeder Einzelne dasselbe Recht an diesen Gütern des eigenen Selbst hat, so kann keiner dem Anderen deren Gebrauch als Waarenbezeichnung streitig machen,[2]) wofern er nur des ihm rechtmäßig zukommenden Namens sich bedient, und selbst das Betreiben unlauterer Konkurrenz mit einer gleichlautenden oder ähnlichen Firma, die berechtigter Weise geführt wird, kann nicht untersagt oder gar bestraft werden.

Das Erlöschen der Namen- und Firmenzeichen bedarf keiner Erörterung, sie theilen vollständig das Schicksal ihrer Träger, der Namen und Firmen. Wenn der Namenträger aufhört, Gewerbe-

[1]) R.-G.-E. C. Bd. 29, S. 66 fg.
[2]) Endemann, Markenschutz, S. 62.

treibender zu sein oder der Firmeninhaber den Geschäftsbetrieb einstellt, gehen ihre Zeichen und mit den Zeichen das Schutzrecht verloren.

Von den Schutzmitteln des Namen- und Firmenzeichens soll später die Rede sein.

III. Art der Ausstattung von Waaren.

§ 19.

Auf manchen Gebieten des Verkehrs beansprucht neben dem eigentlichen Waarenzeichen die besondere Art, in welcher der einzelne Geschäftsmann Waaren oder deren Verpackung äußerlich ausgestattet und welche, wie oben gezeigt, nicht als Waarenzeichen eintragungsfähig ist, als Bezeichnung der Quelle, aus der die Waare stammt, eine erhebliche wirthschaftliche Bedeutung. Zahlreiche Genußmittel, z. B. Tabak, Liqueur, Thee, viele Luxuswaaren, namentlich Mode-Toilettenartikel, aber auch unentbehrliche Gegenstände des täglichen Gebrauches, z. B. Butter, Honig, Nadeln, Seife, Zündhölzer u. s. w., werden den Consumentenkreisen in einer charakteristischen äußeren Ausstattung dargeboten, welche theils durch die Natur der Waare oder ihre Verpackung bedingt ist, theils den Zweck hat, dieselbe zu zieren oder ihr ein auffallendes äußeres Ansehen zu geben.[1])

Zur Ausstattung ist alles das zu rechnen, was zur Verzierung, Etiquettirung u. s. w. dient.

Das charakterisirende Merkmal ist meist mit der Waare oder mit den zu ihrer Verpackung verwendeten Behältern, Gefäßen, Flaschen u. s. w. in äußere Verbindung gebracht; es kann aber auch in der eigenthümlichen Formung der Waaren oder der Verpackung selbst bestehen.

Mit der Redlichkeit im Verkehre verträgt es sich nicht, wenn die charakteristische, in Abnehmerkreisen bekannte, als Ursprungszeichen behandelte Art der äußeren Ausstattung, unter welcher ein

---

1) Begründung S. 16 und 17.

bestimmtes Geschäft seine Waaren in den Verkehr zu bringen gewöhnt ist, von einem Anderen zu dem Zwecke benutzt wird, um mittels einer Täuschung bei dem Publikum die Werthschätzung der eigenen Waare zu steigern. Sie soll daher gesetzlichen Schutz genießen.

Es würde aber eine unzulässige Beschränkung der Freiheit des Verkehrs sein, wenn das Gesetz jede Form, welche der Einzelne für Verpackung oder Verzierung seiner Waaren wählt, alsbald zu seinen Gunsten und als sein allein berechtigtes Eigen schützen wollte.

Schutz soll nur dasjenige finden, was im redlichen Verkehr als eigenthümlicher Hinweis auf eine bestimmte Waarenquelle schon zweifellose Anerkennung innerhalb betheiligter Verkehrskreise errungen hat: Erst dann verletzt die Verwerthung einer solchen Kennzeichnung zu Gunsten von Waaren, die aus einer anderen Quelle stammen, das Interesse der ehrlichen Produktion und nicht minder das Interesse des kaufenden Publikums.

Wenn auch von vornherein der Schutz des § 15 des Gesetzes lediglich äußeren Kennzeichen, welche nicht eintragungsfähig sind, gewährt werden soll, so steht doch nichts im Wege, ihn auch auf an sich eintragungsfähige Kennzeichen zu erstrecken, so weit dieselben auf der Waare oder der Verpackung als Verzierung oder zur Aufmachung benutzt sind.[1])

IV. Die örtliche Ursprungs-Bezeichnung.

§ 20.

Häufig ist der Versuch gemacht worden, mit unrichtiger Ursprungsangabe gewissen Waaren ein unberechtigtes Ansehen zu verschaffen. Darin liegt eine große Schädigung der soliden Produktion und des kaufenden Publikums. Diesem Uebelstande soll durch die Vorschrift des § 16 des Ges. abgeholfen werden, auf Grund deren jeder bestraft wird, der Waaren oder deren Ver-

[1]) Bericht Seite 7.

packung oder Umhüllung oder Ankündigungen oder dergl. fälschlich mit einem Staatswappen oder mit dem Namen oder Wappen eines Ortes, einer Gemeinde- oder weiteren Kommunalverbandes zu dem Zwecke versieht, um über Beschaffenheit und Werth der Waaren einen Irrthum zu erregen.

Indessen nicht jede falsche Ortsangabe an sich ist strafbar. Es ist darauf zu achten, daß es eine große Reihe von Orts- und weiteren Kommunalverbandsbezeichnungen giebt, die sich zwar äußerlich als „Ursprungsangaben" darstellen, in der That aber nur „Gattungsnamen" sind, und nicht so sehr die „Herkunft", als vielmehr die allgemeine Natur der Waare bezeichnen sollen, z. B. ist dies der Fall bei Waaren wie „Thorner Pfefferkuchen", „Schweizer Käse", „Teltower Rüben", „Westfälischer Schinken", „Braunschweiger Wurst", „Mainzer Sauerkraut", „Cuba-Cigarren" u. s. w.[1])

Ländernamen sind darnach vom Schutze ausgeschlossen, weil ihre Verwendung fast immer nur eine charakterisirende Bedeutung hat und jedenfalls nur Hinweise von solcher Allgemeinheit enthält, daß dabei eine Absicht, zu täuschen, nicht vorausgesetzt werden kann.

Ob der Name oder das Wappen für sich allein oder in Verbindung mit anderen wörtlichen oder figürlichen Elementen (event. als Siegel) gesetzt wird, ist belanglos.

Wo die Grenze der einerseits nach allgemeiner Uebung zulässigen und andererseits der unzulässigen, mit Täuschungen versehenen Bezeichnungen der Waaren liegt, ist eine Thatfrage, welche gemäß Absatz 2 § 16 des Gesetzes nach Handelsgebrauch entschieden werden soll, und, wie zu befürchten steht, manche Anklage zur Folge haben wird.

Zu bemerken ist hierbei ganz ausdrücklich, daß dieser Paragraph nicht etwa die Pflicht der Verkäufer beseitigt, Waaren aus den betreffenden Ländern oder Orten wirklich zu liefern, wenn solches vom Käufer direkt verlangt wird. Ein Lieferant, der einer solchen Forderung gegenüber Waaren anderen Ursprungs liefert, begeht eine Täuschung und macht sich des Betruges schuldig.

---

[1]) Bericht S. 8.

D. Der Schutz der Waarenbezeichnungen.

§ 21.

1. Allgemeines.

Es sind die Kennzeichen von Waaren, welche das Gesetz unter „Waarenbezeichnung" versteht, ihrem Wesen und ihren Wirkungen nach im Einzelnen dargestellt worden.

Jetzt soll der Rechtsschutz, welcher den verschiedenen Ärten von Waarenbezeichnungen in den §§ 14, 15, 16 des Gesetzes in verschiedener Weise civil- und strafrechtlich[1]) gewährt ist, erörtert werden, der eingehenden Behandlung der Civilklagen und Straffälle aber eine Besprechung einiger allgemeiner, sich mehrfach wiederholender „Rechtsbegriffe" vorangehen.

Zur Vermeidung von Mißverständnissen wird aber betont, daß diese hier behandelten Rechtsbegriffe nicht etwa Voraussetzungen aller aus dem Schutzrechte sich ergebenden Civilklagen und Straffälle sind, sondern nur soweit für die einzelnen in Betracht kommen, als ihrer in jedem besonderen Falle Erwähnung gethan wird.

1. Dem „Verletzten" wird im Gesetze eine Entschädigung zugesprochen.

„Verletzt" ist zunächst derjenige, dessen Namen, Firma, Waarenzeichen, Wappen und sonstige Waarenbezeichnung von einem Anderen ohne Abweichung wiedergegeben wird; aber auch Abweichungen in der Wiedergabe der Kennzeichnungen — sei es theilweise Anwendung derselben, sei es Anwendung mit Zusätzen — können als Verletzung fremden Schutzrechts gelten, wenn sie die Gefahr einer Verwechselung im Verkehr mit sich bringen, also der Käufer einer Waare und besonders der weniger Gebildete, dem nicht beide Kennzeichen nebeneinander vorliegen, durch die Nachbildung getäuscht wird. Der Rechtsschutz soll eben gegenüber geringfügigen, den Gesammteindruck nicht wesentlich beeinflussenden Abweichungen nicht versagen.

---

[1]) Die örtliche Ursprungsbezeichnung steht allerdings nur unter strafrechtlichem Schutze.

2. Ein widerrechtliches „Versehen" der Waaren oder deren Verpackung ꝛc. mit einer Kennzeichnung und ein „Inverkehrbringen" oder „Feilhalten" der gekennzeichneten Waaren wird civil- und strafrechtlich geahndet.

Wie das „Versehen" der Waaren mit einer Waarenbezeichnung stattfindet, ist bereits dargelegt worden.

Die Begriffe „Feilhalten" und „Inverkehrbringen" bedürfen jedoch noch einiger Worte der Erläuterung.

„In den Verkehr gebracht wird eine Waare, wenn ihr Inhaber sie derartig aus seinem Gewahrsam entläßt, daß ein Anderer daran die freie Verfügung erlangt; ob die Handlung entgeltlich oder unentgeltlich geschieht, ist für den Begriff unerheblich[1])

„Feilhalten" ist eine der Arten des entgeltlichen Inverkehrbringens der Waare und zwar erfordert sie im Gegensatz zum Verkaufen, daß die Gegenstände dem kauflustigen Publikum als solchen, nicht nur bestimmten Personen zugänglich gemacht werden. [1])

3. Weitere Voraussetzung der Ahndung des Versehens der Waaren mit fremden Waaren-, Namen- und Firmenzeichen ist, daß dieses „widerrechtlich" d. h. objektiv dem Rechte und Willen des rechtsmäßigen Inhabers zuwider geschieht.[2])

Ob der Thäter dabei von der Widerrechtlichkeit Kenntniß hat, ist für den Begriff „widerrechtlich" gleichgültig.

4. „Wissentlich" dagegen handelt derjenige, welcher sich bewußt ist, durch Herstellen, Inverkehrbringen, Feilhalten, Gebrauchen bestimmter Waaren sich mit dem einem Anderen zustehenden Verbietungsrechte in Widerspruch zu setzen,[3]) „grobfahrlässig" jedoch derjenige, welcher es versäumt, sich über das entgegenstehende Recht eines Anderen zu unterrichten und in Folge dieser Versäumniß die Waarenbezeichnungen eines Anderen benutzt.[4])

Keineswegs ist dabei die Absicht der Benachtheiligung voraus-

[1]) Olshausen, Strafgesetzbuch, Anmerkung 6, zu § 146 und Anmerkung 5, zu § 324.
[2]) Endemann, a. a. O. S. 72.
[3]) Landgraf, Patentgesetz. S. 139.
[4]) Zweite Berathung des Gesetzes im Reichstage S. 2163.

gesetzt, ebensowenig die Gewinnsucht oder die Absicht einer Täuschung der Käufer nothwendig.

5. Eine Waare „fälschlich" mit einem Wappen u. s. w. versehen, heißt, ihr den Schein verleihen, als ob sie von dem Staate, Orte u. s. w. mit dem Wappen oder sonstigen Kennzeichen ausgestattet ist, welches sie trägt.

2. Der civilrechtliche Schutz der Waarenbezeichnungen.

a) Die einzelnen Klagen.

§ 22.

α Die Löschungsklage.

Die Löschung eines in der Zeichenrolle eingetragenen Zeichens kann im Wege der Klage

1. von Seiten eines auf Grund früherer Anmeldung Eingetragenen,
2. von Seiten Dritter, Nichteingetragener beantragt werden.[1])

Die Löschungsklage ist nur in den im § 9 Abs. 1 des Gesetzes angeführten, bereits behandelten Fällen statthaft; in anderen Fällen ist ein Anspruch auf Löschung nicht gegeben, daher unzulässig, wofern er nicht einer vertragsmäßigen Verpflichtung des Zeicheninhabers entspringt.

Der Kläger hat zur Begründung der Klage, wenn er sich auf den Vertrag stützt, diesen, sonst das Vorliegen der gesetzlich die Löschung begründenden Thatsachen nachzuweisen.

Weiteres hat er nicht darzuthun. Denn die Löschungsklage verfolgt lediglich den Zweck, eine weitere Benutzung des Zeichens zu verhindern, wenn eine der Vorbedingungen der Eintragung fortfällt.

Beklagter ist, wie sich hieraus schon ergiebt, der eingetragene Zeicheninhaber, oder, wenn er gestorben ist, sein Erbe.

---

[1]) Die Löschungsklage des berechtigten Firmeninhabers gegen denjenigen, welcher unbefugt seine Firma führt, wird um deswillen hier mit Stillschweigen übergangen, weil nur die Schutzmittel der Namen- und Firmenzeichen behandelt werden sollen und die erwähnte Klage direkt nicht dazu zu rechnen ist.

Der Klageantrag wird dahin zu richten sein:

„Den Beklagten zu verurtheilen, in die Löschung des für ihn eingetragenen Zeichens zu willigen."

Hat vor oder nach Erhebung der Klage ein Uebergang des Waarenzeichens auf einen anderen stattgefunden, so ist die Entscheidung in Ansehung der Sache auch gegen den Rechtsnachfolger vollstreckbar.

Der Rechtsnachfolger kann gemäß §§ 63—65 und 73 Civilprozeßordnung in den Rechtsstreit eintreten.

Nach Vorlegung der mit dem Rechtskraftsatteste versehenen Urtheilsausfertigung bewirkt das Patentamt die Löschung der Eintragung und macht sie demnächst öffentlich bekannt.

Im Rechtsstreite der Inhaber zweier kollidirenden Zeichen (oben Fall No. 1) kann der Beklagte, welcher die Löschung der klägerischen Eintragung verlangen zu können glaubt, dieses Verlangen auch im Wege der Widerklage geltend machen.

Die Anstrengung der Löschungsklage schließt die Entschädigungsklage, von der weiter unten gehandelt werden soll, nicht aus; beide können sogar mit einander verbunden werden; ihre Voraussetzungen sind allerdings verschiedene.

§ 23.

β) Die Feststellungsklage und γ) die negatorische (Unterlassungs-) Klage.

Dem Inhaber sowohl des Waarenzeichens als auch aller übrigen Waarenbezeichnungen[1]) steht das Recht zu:

1. auf Feststellung zu klagen, daß der Gegner zum Gebrauch seiner Waarenbezeichnung nicht berechtigt sei und

2. den Anspruch auf Unterlassung des Eingriffs in sein Recht geltend zu machen.[2])

Wenn diese Klagen als die aus dem Rechte der Waarenbezeichnungen sich ergebenden im Gesetze nicht ausdrücklich auf-

---

[1]) Die örtlichen Ursprungsangaben sind, wie bereits bemerkt, hiervon ausgeschlossen.

[2]) R.-G.-E. C., B. 18, S. 36.

geführt sind, so darf dies nicht Wunder nehmen. Der Gesetzgeber hatte hierzu keine Veranlassung, da sie sich aus der allgemeinen Natur des in Frage stehenden Rechts, als eines absoluten, von selbst ergeben.

Die konkreten Umstände müssen entscheiden, in wiefern Klagen der einen oder anderen Art zulässig oder geboten sind.

Die zu 1 genannte Feststellungsklage giebt die Möglichkeit der Feststellung des streitigen Rechts gegenüber Dritten selbst ohne bereits erfolgte Verletzung; natürlich müssen die Voraussetzungen, unter welchen § 231 C. P. O. diese Klagen überhaupt zuläßt (rechtliches Interesse an alsbaldiger Feststellung) vorliegen.

Die auf Unterlassung des Eingriffs in das Schutzrecht gerichtete Klage zu 2, ist als eine Leistungsklage, nicht als Feststellungsklage anzusehen, ist also unabhängig von der der Feststellungsklage gesetzlich gezogenen Schranke. Der auf Unterlassung weiterer Störung gerichtete Klageantrag wird zweckdienlich auch eine Strafandrohung für jeden Fall der Zuwiderhandlung enthalten. (§ 775 C.-P.-O.) Zur Begründung dieser Klage ist nur der Beweis der objektiven Verletzung des klägerischen Rechts erforderlich; subjektives Verschulden auf Seiten des Beklagten ist nicht Voraussetzung derselben, so daß sie auch selbst gegen den gutgläubigen Dritten mit Erfolg angestrengt werden kann.[1])

Auch diese Klage setzt nicht einen entstandenen Schaden voraus.

Mit dem Einwande, daß einer dritten Person in Folge einer früheren Anmeldung ein besseres Recht auf das Waarenzeichen zusteht, als dem eingetragenen Kläger, ist der Beklagte nicht zu hören[2]), um die Verfolgung von Nachahmungen nicht zu erschweren.

Dagegen kann der Beklagte im Wege des Einwandes der Arglist eine auf Grund des Ausschließungsrechts angestrengte Klage des Zeicheninhabers zu Falle bringen,[3]) also die Geltendmachung

[1]) Bericht S. 8.
[2]) Begründung S. 15.
[3]) Aber nicht seine Löschung bewirken.

des klägerischen Rechts hemmen, wenn er beweist, daß die Klage unter dem Vorwande der Verletzung des Interesses am ausschließlichen Gebrauchsrechte eines Waarenzeichens, sich nur als chikanöser Angriff darstellt und Kläger entgegen dem Zwecke des Gesetzes das für ihn eingetragene Zeichen gar nicht führt und führen will, die aus der Eintragung ihm zustehenden Rechte also nur geltend macht, um Anderen den Gebrauch des Zeichens abzuschneiden[1]).

Die Feststellungs- und negatorische Klage werden häufig Vorläufer der Entschädigungsklage sein, können aber auch mit ihr verbunden werden.

§ 24.

δ) Die Entschädigungsklage.

Für die Entschädigungsklage ist gesetzlich die **Widerrechtlichkeit** des Versehens der Waaren mit Kennzeichen bezw. des in Verkehrbringens und Feilhaltens der gekennzeichneten Waaren zur allgemeinen Voraussetzung gemacht.

Als weitere Voraussetzung der Entschädigungsklagen wegen Verletzung des Waarenzeichens, sowie des Namen- und Firmenzeichens, muß nach § 14 des Gesetzes „Wissentlichkeit" bezw. „grobe Fahrlässigkeit" des Handelns von Seiten des Verletzten hinzukommen.

Die Erstreckung civilrechtlicher Entschädigungspflicht auf fahrlässige Contravention ist eine bedeute Verschärfung des Rechtsschutzes gegenüber dem bisherigen Rechtszustande; sie zieht allerdings nur diejenigen in den Kreis der Entschädigungspflichtigen hinein, deren Beruf sie zu fortgesetzter, verschärfter Aufmerksamkeit zwingt.[2])

Im § 15 des Gesetzes, welcher von der Nachahmung der Waarenausstattung handelt, ist Voraussetzung der Entschädigungsklage ein Versehen, Inverkehrbringen, Feilhalten von Waaren „zum Zwecke der Täuschung in Handel und Verkehr", also die Feststellung, daß eine Täuschung beabsichtigt war.

---

1) R.-G.-E. C. Bd. 18 S. 94 f. u. Bd. 13 S. 158 f.
2) Landgraf, Patentgesetz S. 134.

Außerdem erfordert sie aber, wie bereits besprochen, den Nachweis, daß die Kennzeichnung, um deren Benutzung es sich handelt, im Verkehr, d. h. nach Auffassung des an der Waare interessirten kaufenden Publikums, die Bezeichnung eines bestimmten Ursprungsbeweises errungen hat.

Diese beiden nothwendigen Feststellungen bieten Gewähr dafür, daß die Vorschrift nicht zur Chikane benutzt werden kann, und die erlaubte Bewegung der Concurrenz nicht eingeschränkt wird.

Der Entschädigungsanspruch geht auf Ersatz des vollen Interesses d. h. des unmittelbaren und auch mittelbaren Schadens, sowie des entgangenen Gewinnes.

Dasein und Höhe des durch Mißbrauch einer Waarenbezeichnung entstandenen Schadens wird sich selten und schwer mit Genauigkeit nachweisen lassen. Diese Schwierigkeit hat nicht nur die Praxis, sondern auch die zur Berathung dieses Gesetzes eingesetzte Kommission empfunden.[1]) Ein in derselben gestellter Antrag, für den Fall der Festsetzung des Schadens zu bestimmen, daß der Richter nach freiem Ermessen dieserhalb erkennen könne, und daß die Nachweisung eines Schadens nicht erforderlich sein solle, wurde nur um deßwillen zurückgezogen, weil allerseits anerkannt wurde, daß § 260 der Civilprozeßordnung bereits dementsprechend verfügt. Man gab sich der Hoffnung hin, daß die Gerichte künftig mehr, wie bisher, von diesem Paragraphen und der in demselben zugelassenen eidlichen Schätzung des Schadens durch den Kläger Gebrauch machen würden.[1])

Um dem Richter aber die nothwendigen Anhaltspunkte für seine freie Beweiswürdigung und für Bestimmung des Höchstbetrages der Schätzung zu geben, wird der Schaden durch Angabe der in Betracht kommenden thatsächlichen Verhältnisse und Umstände einigermaßen substantiirt werden müssen.

Bei dieser Schätzung der Höhe des Schadens wird einerseits das Quantum von unberechtigt gekennzeichneten Waaren zu berücksichtigen sein, welches der Beklagte thatsächlich abgesetzt hat, da anzunehmen ist, daß anderenfalls das Publikum ein gleiches

---

[1]) Bericht S. 7.

Quantum Waaren vom Kläger entnommen haben würde, andererseits wird der Nachtheil abzuschätzen sein, welcher dem Kläger für den ferneren Absatz seiner Waaren durch die unerlaubte Konkurrenz bereitet ist.[1])

Die Geltendmachung eines jeden Entschädigungsanspruches wird nach § 18 des Gesetzes durch Zuerkennung einer Buße im Strafverfahren ausgeschlossen.

Erfolgt eine Verurtheilung im Civilwege auf Grund der §§ 14 und 15 des Gesetzes, so ist bezüglich der im Besitze des Verurtheilten befindlichen Gegenstände auf Beseitigung der widerrechtlichen Kennzeichnung oder, wenn die Beseitigung in anderer Weise nicht möglich ist, auf Vernichtung der damit versehenen Gegenstände zu erkennen. (§ 19 des Gesetzes.)

b) Zuständigkeit der Gerichte.

§ 25.

α) Sachliche.

Für die bürgerlichen Rechtsstreitigkeiten auf Grund dieses Gesetzes sind die ordentlichen Gerichte zuständig.[2]) Die Rechtsstreitigkeiten, welche diese Ansprüche betreffen, werden gemäß §§ 101, No. 3 bezw. 123 No. 1 Ger.-Verf.-Ges. in erster Instanz von den Kammern für Handelssachen,[3]) in zweiter Instanz von den Oberlandesgerichten entschieden; Verhandlung und Entscheidung in dritter Instanz ist dagegen nach § 21 des gegenwärtigen Gesetzes dem Reichsgerichte zugewiesen.

β) Oertliche.

Bezüglich der örtlichen Zuständigkeit sind keine Vorschriften im Gesetze gegeben worden, kommen daher die Bestimmungen der Civilprozeßordnung über den Gerichtsstand zur Anwendung, in erster Reihe also die Vorschriften über den allgemeinen Gerichts-

---

[1]) Bolze, Praxis des R.-G. in C. Bd. III. No. 228.

[2]) Im Falle des § 9 Abs. 1 No. 2 kann der Antrag auf Löschung aber, wie gezeigt, zunächst beim Patentamte angebracht werden.

[3]) Begründung S. 19.

stand des Beklagten, in zweiter Reihe die Vorschriften über die besonderen Gerichtsstände der Niederlassung (§ 22 daselbst) und der Klage aus unerlaubten Handlungen (§ 32 ebenda).

Das letztgenannte Forum kommt allerdings nur für die Entschädigungsklage, welche ihrem Wesen nach auf der schuldhaften Rechtskränkung schlechthin beruht, in Betracht, dagegen nicht für die übrigen angeführten Klagen, welche schon bei objektiv bewirkten Rechtsverletzungen gegeben sind.[1])

Für die das Waarenzeichen betreffenden Klagen gegen einen Ausländer ist das Gericht zuständig, in dessen Bezirk der für das Inland obligatorisch zu bestellende Vertreter seinen Wohnsitz hat; besitzt er keinen Wohnsitz, so ist das Gericht zuständig, in dessen Bezirke das Patentamt seinen Sitz hat. (§ 23, Abs. 2 des Gesetzes.)[2])

Soweit über den civilrechtlichen Schutz, welchen das Gesetz gewährt.

3. Der strafrechtliche Schutz.

Die Anstrengung einer Civilklage schließt die Strafverfolgung wegen desselben Delikts nicht aus; auch umgekehrt kann wegen eines Delikts trotz Verurtheilung im Strafverfahren eine Civilklage angestrengt werden, wofern nicht im ersteren Verfahren auf eine Buße erkannt ist.

§ 26.

a) Die einzelnen Straffälle.

Das Gesetz kennt folgende Straffälle:

1. Mit Geldstrafe von 150—5000 M. oder mit Gefängniß bis zu 6 Monaten wird das wissentliche, nicht das grob fahrlässige widerrechtliche Versehen von Waaren ꝛc. mit dem Namen oder der Firma eines anderen oder mit einem nach Maßgabe dieses Gesetzes geschützten Waarenzeichen oder das Inverkehrbringen oder

---

[1]) R.-G.-E. C. Bd. 24, S. 394.

[2]) Der Gerichtsstand des § 24 C.-P.-O. dürfte darnach ausgeschlossen sein.

Feilhalten von dergleichen widerrechtlich gekennzeichneten Waaren bestraft. (§ 14, Abs. 2 des Gesetzes.)

2. Mit Geldstrafe von 100—3000 M. oder mit Gefängniß bis zu 3 Monaten wird das zum Zwecke der Täuschung in Handel und Verkehr ohne Genehmigung des Berechtigten geschehene Versehen von Waaren 2c. mit einer Ausstattung bestraft, welche innerhalb betheiligter Verkehrskreise als Kennzeichen gleichartiger Waaren eines anderen gilt, oder das Inverkehrbringen oder Feilhalten derartig gekennzeichneter Waaren zu dem gleichen Zwecke. (§ 15 des Gesetzes.)

3. Mit Geldstrafe von 150—5000 M. oder mit Gefängniß bis zu 6 Monaten wird das fälschliche Versehen von Waaren oder deren Verpackung 2c. mit einem Staatswappen oder mit dem Namen oder Wappen eines Ortes, eines Gemeinde- oder weiteren Communalverbandes bestraft, wenn es zu dem Zwecke geschieht, über Beschaffenheit und Werth der Waaren einen Irrthum zu erregen. Unter den gleichen Voraussetzungen ist das Inverkehrbringen oder Feilhalten derartig bezeichneter Waaren strafbar. (§ 18 des Gesetzes.)

Die in den einzelnen Paragraphen vorkommenden Begriffe sind bereits sämmtlich definirt.

Die S t r a f v e r f o l g u n g tritt in den gedachten Fällen n u r a u f A n t r a g ein und ist Zurücknahme des Strafantrages zulässig.

§ 27.

b) Die Strafen.

Als Strafen für die vorbezeichneten Handlungen tritt, wie bereits erwähnt, Geldstrafe, alternativ mit Gefängniß ein. Daneben kann der Richter, wenn der Verletzte als Nebenkläger auftritt, dem Verurtheilten auch eine Buße bis zu 1000 M. zuerkennen. (§ 18 des Gesetzes.)

Dieses schließt dann jeden weiteren Entschädigungsanspruch im Civilwege aus.

§ 28.

c) Die Folgen der Verurtheilung.

Die Folgen der Verurtheilung im Strafverfahren sind die im § 19 des Gesetzes angeführten, nämlich Beseitigung der widerrechtlichen Kennzeichnung eventl. Vernichtung der damit versehenen Gegenstände, sofern Beseitigung in anderer Weise nicht möglich ist, und nicht bereits im Wege des Civilprozesses dieses Recht dem Kläger zuerkannt ist.

In den Fällen der §§ 14 und 15 des Gesetzes ist bei Verurtheilung im Strafverfahren dem Verletzten auch die Befugniß zuzusprechen, die Verurtheilung auf Kosten des Verurtheilten öffentlich bekannt zu machen. Die Art der Bekanntmachung, sowie die Frist zu derselben wird im Urtheile bestimmt.

§ 29.

d) Die Zuständigkeit.

Sachlich zuständig sind als erkennende Gerichte die Strafkammern, gegen deren Urtheile Revision an das Reichsgericht zulässig ist.

Die örtliche Zuständigkeit des Gerichts richtet sich nach dem Orte, in dessen Bezirk die strafbare Handlung begangen ist.

4. Der Schutz ausländischer Waarenbezeichnungen im Inlande.

§ 30.

Ausländer im Sinne dieses Gesetzes ist nicht der der Nationalität nach Fremde[1]), vielmehr derjenige, welcher im Inlande keine Handelsniederlassung hat (§ 23 Absatz 1 des Gesetzes); Inländer in Folge dessen, wer im Inlande, d. h. im Deutschen Reiche eine solche besitzt.

Niederlassungen in den deutschen Schutzgebieten und Niederlassungen von Reichsangehörigen in den der deutschen Consulargerichtsbarkeit unterstehenden Bezirken sind im Sinne des Gesetzes als inländische Niederlassungen anzusehen.[2])

---

[1]) R.-G.-E. C. Bd. 18 S. 31.

[2]) Begründung S. 20.

Dies vorausgeschickt, ist als Grundsatz für den Schutz der Waarenbezeichnung die Gleichberechtigung der Inländer und Ausländer aufgestellt.

Daß diese Gleichberechtigung an einige Bedingungen geknüpft ist, vermag ihre prinzipielle Anerkennung nicht zu beeinträchtigen.

Diese Bedingungen, die, wie sich zeigen wird, von gesundem und nothwendigem Staatsegoismus diktirt wurden, sind Folgende:

1. Der Ausländer hat im Deutschen Reiche nur in soweit Anspruch auf den Schutz einer Waarenbezeichnung, als im Lande seiner Niederlassung deutsche Waaren zum gesetzlichen Schutz zugelassen werden. Ob und in welchem Umfange dieser Schutz im Auslande deutschen Waarenbezeichnungen gewährt wird, dafür ist die im Reichsgesetzblatt enthaltene Bekanntmachung oder, falls solche nicht erfolgt ist, die Veröffentlichung der mit den Auslandsstaaten abgeschlossenen, die Gegenseitigkeit des Schutzes verbürgenden Verträge maaßgebend.[1]) [2])

---

[1]) R.-G.-E. St. Bd. 19, S. 274.

[2]) Veröffentlicht sind solche Uebereinkünfte mit:
Belgien vom 13. 9. 75 (R.-G.-Bl. 1875 No. 26).
Brasilien vom 28. 2. 77 (R.-G.-Bl. 1877 No. 12).
Bulgarien vom 27. 1. 94 (R.-G.-Bl. 1894 No. 4).
Dänemark vom 4. 4. 79 (R.-G.-Bl. 1879 No. 10).
Frankreich vom 8. 10. 73 (R.-G.-Bl. 1873 No. 29).
Großbrittanien u. Irland vom 14. 4. 75 (R.-G.-Bl. 1875 No. 16).
Italien vom 18. 1. 92 (R.-G.-Bl. 1892 No. 7).
Luxemburg vom 14. 7. 76 (R.-G.-Bl. 1876 No. 15.
Niederlande vom 19. 1. 82 (R.-G.-Bl. 1882 No. 3).
Oesterreich-Ungarn vom 6. 12. 91 (R.-G.-Bl. 1892 No. 6).
Portugal vom 2. 3. 72 (R.-G.-Bl. 1872 S. 254).
Rumänien vom 27. 1. 82 (R.-G.-Bl. 1882 No. 4).
Rußland vom 18. 8. 73 (R.-G.-Bl. 1873 No. 26).
Schweden und Norwegen vom 11. 7. 72 (R.-G.-Bl. 1872 No. 24).
Schweiz vom 31. 1. 92 (R.-G.-Bl. 1892 No. 9).
Serbien vom 21. 8. 92 (R.-G.-Bl. 1893 S. 317).
Spanien vom 12. 7. 83 (R.-G.-Bl. 1883 S. 307).
Südafrikanische Republik vom 22. 1. 85 (R.-G.-Bl. 1886 No. 22).
Venezuela vom 8. 12. 83 (R.-G.-Bl. 1883 No. 27).
Verein. Staaten v. Amerika vom 11. 12. 71 (R.-G.-Bl. 1872 No. 13).

2. Die Eintragung und somit der Schutz **ausländischer Waarenzeichen** ist abhängig gemacht:

a) vom Vertreterzwange, d. h. von Bestellung eines Vertreters im Inlande, welcher in dem nach Maaßgabe dieses Gesetzes vor dem Patentamt stattfindenden Verfahren, sowie in den das Zeichen betreffenden bürgerlichen Rechtsstreitigkeiten den Ausländer zu vertreten und Strafanträge zu stellen befugt ist (§ 23 Absatz 2 des Gesetzes);

b) von dem Nachweise, daß der Anmeldende in denjenigen Staaten, in welchen seine Niederlassung sich befindet, für diese Zeichen den Markenschutz nachgesucht und erhalten hat (§ 23 Absatz 3 d. Ges.[1])

Hierzu tritt endlich die Bestimmung, daß Zeichen von Ausländern nur dann eingetragen werden dürfen, wenn sie den Anforderungen des deutschen, nicht nur des ausländischen Gesetzes nach der formellen, wie materiellen Seite genügen (§ 23 Absatz 3, Begründung S. 20).

Eine Ausnahme von dieser Regel ist jedoch zu Gunsten derjenigen Staaten vorbehalten, mit denen im Wege internationaler Verträge eine ausdrückliche dahingehende Vereinbarung getroffen ist. Solche Vereinbarungen bestehen mit Oesterreich-Ungarn und mit Italien. (Begründung S. 20).

3. Endlich sind Repressalien im Gesetze enthalten gegen diejenigen Länder — hauptsächlich gegen England, — wo fremde Waaren, deren Bezeichnung auf einen inländischen Ursprung schließen lassen könnte, bei der Einführung der Einziehung unterliegen, wenn sie nicht zugleich mit der Angabe des wirklichen Herkunftslandes versehen sind.

Als solche sind vornehmlich die §§ 22 und 17 des Gesetzes zu betrachten, deren Inhalt etwa dahin geht:

Wenn deutsche Waaren im Auslande eine Bezeichnung ihrer deutschen Herkunft tragen müssen oder bei der Zollabfertigung in

---

[1]) Hat er aber den deutschen Zeichenschutz im Deutschen Reiche erlangt, dann genießt er ihn unabhängig von der Dauer des ausländischen Schutzes so lange, wie jeder andere inländische Zeicheninhaber (Begründung Seite 19).

Bezug auf die Waarenbezeichnung ungünstiger, als die Waaren anderer Länder behandelt werden, so ist der Bundesrath ermächtigt, den fremden Waaren bei ihrem Eingang nach Deutschland eine entsprechende Auflage zu machen, für den Fall der Zuwiderhandlung aber ihre Beschlagnahme und Einziehung anzuordnen (§ 22 des Gesetzes).

Der Beschlagnahme und Einziehung bei ihrem Eingange nach Deutschland zur Einfuhr oder Durchfuhr unterliegen auf Antrag des Verletzten auch diejenigen ausländischen Waaren, welche widerrechtlich mit einer deutschen Firma und Ortsbezeichnung oder einem eingetragenen Waarenzeichen versehen sind. (§ 17 d. Ges.)

Sowohl in diesem, wie in dem vorher behandelten Falle erfolgt die Beschlagnahme durch die Zoll- und Steuerbehörden, die Festsetzung der Einziehung dagegen durch Strafbescheid der Verwaltungsbehörden. Gegen den letzteren kann binnen einer Woche nach der Bekanntmachung bei der Verwaltungsbehörde auf gerichtliche Entscheidung angetragen werden. (§ 459 St.-P.-O.)

Auf diese Weise wird einerseits ein schleuniges Verfahren gegen die vor dem Uebergang in den Inlandsverkehr festgehaltenen Waaren erreicht, andererseits auch die Gewähr für eine gesicherte Rechtspflege gegeben.

5. Der Schutz inländischer Waarenbezeichnungen im Auslande.

§ 31.

Die Frage, in wie weit sich der Schutz des Gesetzes auf das Ausland erstreckt, also ob und in wie weit die im Auslande erfolgte unbefugte Benutzung eines durch das Gesetz geschützten Zeichens geahndet wird, ist im Gesetze selber nicht beantwortet, eben so wenig in seiner Begründung.

Indessen besagt der Commissionsbericht auf S. 8 zu § 15a des Entwurfes, 2. Lesung (§ 17 d. Ges.):

„Gegenüber dem Inländer, der etwa den durch dieses Gesetz

gewährten Schutz verletzt, kommen die Strafbestimmungen der §§ 13 ff.[1]) zur Anwendung, darüber besteht kein Zweifel."

Wenn aber die Strafbestimmungen der §§ 13 ff. nach Ansicht der Commission gegenüber den Verletzungen im Auslande in Wirksamkeit treten, so ergiebt sich als Folge, daß das Gesetz und der von ihm ertheilte Schutz auch auf Verletzungen im Auslande schlechthin anwendbar ist.

Dies ist auch der Standpunkt der Reichsgerichtsentscheidung in Civilsachen, Bd. 18 S. 28 ff., wenigstens soweit es sich um Verletzungen handelt, welche von Inländern im Auslande verübt werden.

Die Frage, ob das Reichsgesetz auch auf die durch Ausländer verübte Verletzung im Auslande anwendbar ist, wird vom Reichsgericht absichtlich offen gelassen, ist meines Erachtens aber wegen der Natur des Rechts, als eines absoluten, im Allgemeinen zu bejahen[2]). Eine Ausnahme hierbei dürfte dann zu machen sein, wenn der Störer nach dem Rechte seines Landes, in dem er die Verletzung verübte, zu der begangenen Handlung wirklich berechtigt war.

---

[1]) Jetzt § 14 d. Ges.
[2]) Kohler, S. 446 f.

Anlagen.

I. Gesetz zum Schutz der Waarenbezeichnungen.

Vom 12. Mai 1894.

(Die Zahlen am Rande des Gesetzestextes verweisen auf die Seiten der erläuternden Darstellung.)

Wir Wilhelm, von Gottes Gnaden Deutscher Kaiser, König von Preußen rc. verordnen im Namen des Reichs, nach erfolgter Zustimmung des Bundesraths und des Reichstags, was folgt:

§ 1. Wer in seinem Geschäftsbetriebe zur Unterscheidung seiner 2—4
Waaren von den Waaren anderer eines Waarenzeichens sich bedienen will, kann dieses Zeichen zur Eintragung in die Zeichenrolle anmelden.

§ 2. Die Zeichenrolle wird bei dem Patentamt geführt. Die An- 29, 19
meldung eines Waarenzeichens hat schriftlich bei dem Patentamt zu erfolgen. Jeder Anmeldung muß die Bezeichnung des Geschäftsbetriebes, in 5
welchem das Zeichen verwendet werden soll, ein Verzeichniß der Waaren, für welche es bestimmt ist, sowie eine deutliche Darstellung und soweit erforderlich, eine Beschreibung des Zeichens beigefügt sein.

Das Patentamt erläßt Bestimmungen über die sonstigen Erfordernisse Anl. 1
der Anmeldung.

Für jedes Zeichen ist bei der Anmeldung eine Gebühr von dreißig Mark, bei jeder Erneuerung der Anmeldung eine Gebühr von zehn Mark zu entrichten. Führt die erste Anmeldung nicht zur Eintragung, so werden von der Gebühr zwanzig Mark erstattet.

§ 3. Die Zeichenrolle soll enthalten: 30

1. den Zeitpunkt des Eingangs der Anmeldung;
2. die nach § 2 Absatz 1 der Anmeldung beizufügenden Angaben;
3. Namen und Wohnort des Zeicheninhabers und seines etwaigen Vertreters, sowie Aenderungen in der Person, im Namen oder im Wohnort des Inhabers oder des Vertreters;
4. den Zeitpunkt einer Erneuerung der Anmeldung;
5. den Zeitpunkt der Löschung des Zeichens.

Die Einsicht der Zeichenrolle steht jedermann frei.

Jede Eintragung und jede Löschung wird amtlich bekannt gemacht. Das Patentamt veröffentlicht in regelmäßiger Wiederholung Uebersichten über die in der Zwischenzeit eingetragenen und gelöschten Zeichen.

§ 4. Die Eintragung in die Rolle ist zu versagen für Freizeichen, 6—12
sowie für Waarenzeichen,

1. welche ausschließlich in Zahlen, Buchstaben oder solchen Wörtern bestehen, die Angaben über Art, Zeit und Ort der Herstellung, über die Beschaffenheit, über die Bestimmung, über Preis-, Mengen- oder Gewichtsverhältnisse der Waare enthalten;
2. welche in- oder ausländische Staatswappen oder Wappen eines

inländischen Ortes, eines inländischen Gemeinde- oder weiteren Kommunalverbandes enthalten;

3. welche Aergerniß erregende Darstellungen oder solche Angaben enthalten, die ersichtlich den thatsächlichen Verhältnissen nicht entsprechen und die Gefahr einer Täuschung begründen.

Zeichen, welche gelöscht sind, dürfen für die Waaren, für welche sie eingetragen waren, oder für gleichartige Waaren zu Gunsten eines anderen, als des letzten Inhabers erst nach Ablauf von zwei Jahren seit dem Tage der Löschung von neuem eingetragen werden.

26—29 § 5. Erachtet das Patentamt, daß ein zur Anmeldung gebrachtes Waarenzeichen mit einem anderen, für dieselben oder für gleichartige Waaren auf Grund des Gesetzes über Markenschutz vom 30. November 1874 (Reichs-Gesetzbl. S. 143) oder auf Grund des gegenwärtigen Gesetzes früher angemeldeten Zeichen übereinstimmt, so macht es dem Inhaber dieses Zeichens hiervon Mittheilung. Erhebt derselbe nicht innerhalb eines Monats nach der Zustellung Widerspruch gegen die Eintragung des neu angemeldeten Zeichens, so ist das Zeichen einzutragen. Im anderen Falle entscheidet das Patentamt durch Beschluß, ob die Zeichen übereinstimmen.

Aus dem Unterbleiben der im ersten Absatz vorgesehenen Mittheilung erwächst ein Ersatzanspruch nicht.

26—29 § 6. Wird durch den Beschluß (§ 5 Abs. 1) die Uebereinstimmung der Zeichen verneint, so ist das neuangemeldete Zeichen einzutragen.

Wird durch den Beschluß die Uebereinstimmung der Zeichen festgestellt, so ist die Eintragung zu versagen. Sofern der Anmelder geltend machen will, daß ihm ungeachtet der durch die Entscheidung des Patentamts festgestellten Uebereinstimmung ein Anspruch auf die Eintragung zustehe, hat er diesen Anspruch im Wege der Klage gegenüber dem Widersprechenden zur Anerkennung zu bringen. Die Eintragung auf Grund einer zu seinen Gunsten ergehenden Entscheidung wird unter dem Zeitpunkte der ursprünglichen Anmeldung bewirkt.

14, 30 § 7. Das durch die Anmeldung oder Eintragung eines Waarenzeichens begründete Recht geht auf die Erben über und kann durch Vertrag oder durch Verfügung von Todeswegen auf andere übertragen werden. Das Recht kann jedoch nur mit dem Geschäftsbetrieb, zu welchem das Waarenzeichen gehört, auf einen Anderen übergehen. Der Uebergang wird auf Antrag des Rechtsnachfolgers in der Zeichenrolle vermerkt, sofern die Einwilligung des Berechtigten in beweisender Form beigebracht wird. Ist der Berechtigte verstorben, so ist der Nachweis der Rechtsnachfolge zu führen.

Solange der Uebergang in der Zeichenrolle nicht vermerkt ist, kann der Rechtsnachfolger sein Recht aus der Eintragung des Waarenzeichens nicht geltend machen.

Verfügungen und Beschlüsse des Patentamts, welche einer Zustellung an den Inhaber des Zeichens bedürfen, sind stets an den eingetragenen Inhaber zu richten. Ergiebt sich, daß derselbe verstorben ist, so kann das

Patentamt nach seinem Ermessen die Zustellung als bewirkt ansehen oder zum Zweck der Zustellung an die Erben deren Ermittelung veranlassen.

§ 8. Auf Antrag des Inhabers wird das Zeichen jederzeit in der 16, 32
Rolle gelöscht.

Von Amtswegen erfolgt die Löschung:

1. wenn seit der Anmeldung des Zeichens oder seit ihrer Erneuerung zehn Jahre verflossen sind;

2. wenn die Eintragung des Zeichens hätte versagt werden müssen.

Soll die Löschung ohne Antrag des Inhabers erfolgen, so giebt das Patentamt diesem zuvor Nachricht. Widerspricht er innerhalb eines Monats nach der Zustellung nicht, so erfolgt die Löschung. Widerspricht er, so
faßt das Patentamt Beschluß. Soll infolge Ablaufs der zehnjährigen 15
Frist die Löschung erfolgen, so ist von derselben abzusehen, wenn der Inhaber des Zeichens bis zum Ablauf eines Monats nach der Zustellung unter Zahlung einer Gebühr von zehn Mark neben der Erneuerungsgebühr die Erneuerung der Anmeldung nachholt; die Erneuerung gilt dann als an dem Tage des Ablaufs der früheren Frist geschehen.

§ 9. Ein Dritter kann die Löschung eines Waarenzeichens beantragen:

1. wenn das Zeichen für ihn auf Grund einer früheren Anmeldung 16 ff.
für dieselben oder für gleichartige Waaren in der Zeichenrolle oder in den 32
nach Maßgabe des Gesetzes über den Markenschutz vom 30. November 1874 42 ff.
geführten Zeichenregistern eingetragen steht;

2. wenn der Geschäftsbetrieb, zu welchem das Waarenzeichen gehört, von dem eingetragenen Inhaber nicht mehr fortgesetzt wird;

3. wenn Umstände vorliegen, aus denen sich ergiebt, daß der Inhalt des Waarenzeichens den thatsächlichen Verhältnissen nicht entspricht und die Gefahr einer Täuschung begründet.

Hat ein nach dem Gesetz über Markenschutz vom 30. November 1874 18
von der Eintragung ausgeschlossenes Waarenzeichen bis zum Erlaß des gegenwärtigen Gesetzes innerhalb betheiligter Verkehrskreise als Kennzeichen der Waaren eines bestimmten Geschäftsbetriebs gegolten, so kann der Inhaber des letzteren, falls das Zeichen nach Maßgabe des gegenwärtigen Gesetzes für einen Anderen in die Zeichenrolle eingetragen wird, bis zum 1. Oktober 1895 die Löschung beantragen. Wird dem Antrage stattgegeben, so darf das Zeichen für den Antragsteller schon vor Ablauf der im § 4 Abs. 2 bestimmten Frist in die Zeichenrolle eingetragen werden.

Der Antrag auf Löschung ist im Wege der Klage geltend zu machen, und gegen den eingetragenen Inhaber oder, wenn dieser gestorben, gegen dessen Erben zu richten.

Hat vor oder nach Erhebung der Klage ein Uebergang des Waarenzeichens auf einen Anderen stattgefunden, so ist die Entscheidung in Ansehung der Sache auch gegen den Rechtsnachfolger wirksam und vollstreckbar. Auf die Befugniß des Rechtsnachfolgers, in den Rechtsstreit einzutreten, finden die Bestimmungen der §§ 63 bis 66 und 73 der Civil-Prozeßordnung entsprechende Anwendung.

In den Fällen des Abs. 1 Nr. 2 kann der Antrag auf Löschung zunächst bei dem Patentamt angebracht werden. Das Patentamt giebt dem als Inhaber des Waarenzeichens Eingetragenen davon Nachricht. Widerspricht derselbe innerhalb eines Monats nach der Zustellung nicht, so erfolgt die Löschung. Widerspricht er, so wird dem Antragsteller anheim gegeben, den Anspruch auf Löschung im Wege der Klage zu verfolgen.

26, 30, 32. § 10. Anmeldungen von Waarenzeichen, Anträge auf Uebertragung und Widersprüche gegen die Löschung derselben werden in dem für Patentangelegenheiten maßgebenden Verfahren durch Vorbescheid und Beschluß erledigt. In den Fällen des § 5 Abs. 1 wird ein Vorbescheid nicht erlassen.

Gegen den Beschluß, durch welchen ein Antrag zurückgewiesen wird, kann der Antragsteller, und gegen den Beschluß, durch welchen Widerspruchs ungeachtet die Löschung angeordnet wird, der Inhaber des Zeichens innerhalb eines Monats nach der Zustellung bei dem Patentamt Beschwerde einlegen.

Zustellungen, welche die Eintragung, die Uebertragung oder die Löschung eines Waarenzeichens betreffen, erfolgen mittels eingeschriebenen Briefs. Kann eine Zustellung im Inlande nicht erfolgen, so wird sie durch Aufgabe zur Post nach Maßgabe der §§ 161, 175 der Civil-Prozeßordnung bewirkt.

§ 11. Das Patentamt ist verpflichtet, auf Ersuchen der Gerichte über Fragen, welche eingetragene Waarenzeichen betreffen, Gutachten abzugeben, sofern in dem gerichtlichen Verfahren von einander abweichende Gutachten mehrerer Sachverständigen vorliegen.

12 ff. § 12. Die Eintragung eines Waarenzeichens hat die Wirkung, daß dem Eingetragenen ausschließlich das Recht zusteht, Waaren der angemeldeten Art oder deren Verpackung oder Umhüllung mit dem Waarenzeichen zu versehen, die so bezeichneten Waaren in Verkehr zu setzen, sowie auf Ankündigungen, Preislisten, Geschäftsbriefen, Empfehlungen, Rechnungen oder dergleichen das Zeichen anzubringen.

18 Im Falle der Löschung können für die Zeit, in welcher ein Rechtsgrund für die Löschung früher bereits vorgelegen hat, Rechte aus der Eintragung nicht mehr geltend gemacht werden.

13 § 13. Durch die Eintragung eines Waarenzeichens wird niemand gehindert, seinen Namen, seine Firma, seine Wohnung, sowie Angaben über Art, Zeit und Ort der Herstellung, über die Beschaffenheit, über die Bestimmung, über Preis-, Mengen- oder Gewichtsverhältnisse von Waaren, sei es auch in abgekürzter Gestalt, auf Waaren, auf deren Verpackung oder Umhüllung anzubringen und derartige Angaben im Geschäftsverkehr zu gebrauchen.

40–49 § 14. Wer wissentlich oder aus grober Fahrlässigkeit Waaren oder deren Verpackung oder Umhüllung, oder Ankündigungen, Preislisten, Ge-
34 ff. schäftsbriefe, Empfehlungen, Rechnungen oder dergleichen mit dem Namen oder der Firma eines Anderen oder mit einem nach Maßgabe dieses Ge-

setzes geschützten Waarenzeichen widerrechtlich versieht oder dergleichen widerrechtlich gekennzeichnete Waaren in den Verkehr bringt oder feilhält, ist dem Verletzten zur Entschädigung verpflichtet.

Hat er die Handlung wissentlich begangen, so wird er außerdem mit Geldstrafe von einhundertfünfzig bis fünftausend Mark oder mit Gefängniß bis zu sechs Monaten bestraft. Die Strafverfolgung tritt nur auf Antrag ein. Die Zurücknahme des Antrags ist zulässig.

§ 15. Wer zum Zwecke der Täuschung in Handel und Verkehr 87 f
Waaren oder deren Verpackung oder Umhüllung, oder Ankündigungen, 40—
Preislisten, Geschäftsbriefe, Empfehlungen, Rechnungen oder dergleichen mit einer Ausstattung, welche innerhalb betheiligter Verkehrskreise als Kennzeichen gleichartiger Waaren eines Anderen gilt, ohne dessen Genehmigung versieht, oder wer zu dem gleichen Zwecke derartig gekennzeichnete Waaren in Verkehr bringt oder feilhält, ist dem Verletzten zur Entschädigung verpflichtet und wird mit Geldstrafe von einhundert bis dreitausend Mark oder mit Gefängniß bis zu drei Monaten bestraft. Die Strafverfolgung tritt nur auf Antrag ein. Die Zurücknahme des Antrags ist zulässig.

§ 16. Wer Waaren oder deren Verpackung oder Umhüllung, oder 38—
Ankündigungen, Preislisten, Geschäftsbriefe, Empfehlungen, Rechnungen 48 f
oder dergleichen fälschlich mit einem Staatswappen oder mit dem Namen oder Wappen eines Ortes, eines Gemeinde- oder weiteren Kommunalverbandes zu dem Zwecke versieht, über Beschaffenheit und Werth der Waaren einen Irrthum zu erregen, oder wer zu dem gleichen Zwecke derartig bezeichnete Waaren in Verkehr bringt oder feilhält, wird mit Geldstrafe von einhundertfünfzig bis fünftausend Mark oder mit Gefängniß bis zu sechs Monaten bestraft.

Die Verwendung von Namen, welche nach Handelsgebrauch zur Benennung gewisser Waaren dienen, ohne deren Herkunft bezeichnen zu sollen, fällt unter diese Bestimmung nicht.

§ 17. Ausländische Waaren, welche mit einer deutschen Firma und 58
Ortsbezeichnung oder mit einem in die Zeichenrolle eingetragenen Waarenzeichen widerrechtlich versehen sind, unterliegen bei ihrem Eingang nach Deutschland zur Einfuhr oder Durchfuhr auf Antrag des Verletzten und gegen Sicherheitsleistung der Beschlagnahme und Einziehung. Die Beschlagnahme erfolgt durch die Zoll- und Steuerbehörden, die Festsetzung der Einziehung durch Strafbescheid der Verwaltungsbehörden (§ 459 der Strafprozeßordnung).

§ 18. Statt jeder aus diesem Gesetze entspringenden Entschädigung 47—
kann auf Verlangen des Beschädigten neben der Strafe auf eine an ihn zu erlegende Buße bis zum Betrage von zehntausend Mark erkannt werden. Für diese Buße haften die zu derselben Verurtheilten als Gesammtschuldner.

Eine erkannte Buße schließt die Geltendmachung eines weiteren Entschädigungsanspruches aus.

§ 19. Erfolgt eine Verurtheilung auf Grund der §§ 14 bis 16, 18, 47, 5
so ist bezüglich der im Besitz des Verurtheilten befindlichen Gegenstände

auf Beseitigung der widerrechtlichen Kennzeichnung oder, wenn die Beseitigung in anderer Weise nicht möglich ist, auf Vernichtung der damit versehenen Gegenstände zu erkennen.

Erfolgt die Verurtheilung im Strafverfahren, so ist in den Fällen der §§ 14 und 15 dem Verletzten die Befugniß zuzusprechen, die Verurtheilung auf Kosten des Verurtheilten öffentlich bekannt zu machen. Die Art der Bekanntmachung sowie die Frist zu derselben ist in dem Urtheil zu bestimmen.

13, 40 § 20. Die Anwendung der Bestimmungen dieses Gesetzes wird durch Abweichungen nicht ausgeschlossen, mit denen fremde Namen, Firmen, Zeichen, Wappen und sonstige Kennzeichnungen von Waaren wiedergegeben werden, sofern ungeachtet dieser Abweichungen die Gefahr einer Verwechselung im Verkehr vorliegt.

47 § 21. In bürgerlichen Rechtsstreitigkeiten, in welchen durch Klage und Widerklage ein Anspruch auf Grund dieses Gesetzes geltend gemacht ist, wird die Verhandlung und Entscheidung letzter Instanz im Sinne des § 8 des Einführungsgesetzes zum Gerichtsverfassungsgesetz dem Reichsgericht zugewiesen.

52, 53 § 22. Wenn deutsche Waaren im Auslande bei der Einfuhr oder Durchfuhr der Verpflichtung unterliegen, eine Bezeichnung zu tragen, welche ihre deutsche Herkunft erkennen läßt, oder wenn dieselben bei der Zollabfertigung in Beziehung auf die Waarenbezeichnungen ungünstiger als die Waaren anderer Länder behandelt werden, so ist der Bundesrath ermächtigt, den fremden Waaren bei ihrem Eingang nach Deutschland zur Einfuhr oder Durchfuhr eine entsprechende Auflage zu machen und anzuordnen, daß für den Fall der Zuwiderhandlung die Beschlagnahme und Einziehung der Waaren erfolge. Die Beschlagnahme erfolgt durch die Zoll- und Steuerbehörden, die Festsetzung der Einziehung durch Strafbescheid der Verwaltungsbehörden (§ 459 der Strafprozeßordnung).

50—52 § 23. Wer im Inland eine Niederlassung nicht besitzt, hat auf den Schutz dieses Gesetzes nur Anspruch, wenn in dem Staat, in welchem seine Niederlassung sich befindet, nach einer im Reichsgesetzblatt enthaltenen Bekanntmachung deutsche Waarenbezeichnungen im gleichen Umfange wie inländische Waarenbezeichnungen zum gesetzlichen Schutz zugelassen werden.

Der Anspruch auf Schutz eines Waarenzeichens und das durch die Eintragung begründete Recht können nur durch einen im Inlande bestellten Vertreter geltend gemacht werden. Der letztere ist zur Vertretung in dem nach Maßgabe dieses Gesetzes vor dem Patentamt stattfindenden Verfahren, sowie in den das Zeichen betreffenden bürgerlichen Rechtsstreitigkeiten und zur Stellung von Strafanträgen befugt. Für die das Zeichen betreffenden Klagen gegen den eingetragenen Inhaber ist das Gericht zuständig, in dessen Bezirk der Vertreter seinen Wohnsitz hat, in dessen Ermangelung
48 das Gericht, in dessen Bezirk das Patentamt seinen Sitz hat.

Wer ein ausländisches Waarenzeichen zur Anmeldung bringt, hat damit den Nachweis zu verbinden, daß er in dem Staat, in welchem seine Niederlassung sich befindet, für dieses Zeichen den Markenschutz nachgesucht und erhalten hat. Die Eintragung ist, soweit nicht Staatsverträge ein anderes bestimmen, nur dann zulässig, wenn das Zeichen den Anforderungen dieses Gesetzes entspricht.

§ 24. Auf die in Gemäßheit des Gesetzes über Markenschutz vom 32, 3
30. November 1874 in die Zeichenregister eingetragenen Waarenzeichen 19
finden bis zum 1. Oktober 1898 die Bestimmungen jenes Gesetzes noch ferner Anwendung. Die Zeichen können bis zum 1. Oktober 1898 jeder Zeit zur Eintragung in die Zeichenrolle nach Maßgabe des gegenwärtigen Gesetzes angemeldet werden und unterliegen alsdann dessen Bestimmungen. Die Eintragung darf nicht versagt werden hinsichtlich derjenigen Zeichen, welche auf Grund eines älteren landesgesetzlichen Schutzes in die Zeichenregister eingetragen worden sind. Die Eintragung geschieht unentgeltlich und unter dem Zeitpunkt der ersten Anmeldung. Ueber den Inhalt der ersten Eintragung ist ein Zeugniß der bisherigen Registerbehörde beizubringen.

Mit der Eintragung in die Zeichenrolle oder, sofern eine solche nicht erfolgt ist, mit dem 1. Oktober 1898 erlischt der den Waarenzeichen bis dahin gewährte Schutz.

§ 25. Die zur Ausführung dieses Gesetzes erforderlichen Be- 19 1
stimmungen über die Einrichtung und den Geschäftsgang des Patentamts Anl.
sowie über das Verfahren vor demselben werden durch Kaiserliche Verordnung unter Zustimmung des Bundesraths getroffen.

§ 26. Dieses Gesetz tritt mit dem 1. Oktober 1894 in Kraft. 32, 3

Von dem gleichen Zeitpunkt ab werden Anmeldungen von Waarenzeichen auf Grund des Gesetzes über Markenschutz vom 30. November 1874 nicht mehr angenommen.

Urkundlich unter Unserer Höchsteigenhändigen Unterschrift und beigedrucktem Kaiserlichen Insiegel.

Gegeben Neues Palais, den 12. Mai 1894.

(L. S.) Wilhelm.

von Boetticher.

II. Verordnung zur Ausführung

des

Gesetzes zum Schutz der Waarenbezeichnungen vom 12. Mai 1894 (Reichs-Gesetzbl. S. 441) und des Gesetzes betreffend den Schutz von Gebrauchsmustern, vom 1. Juni 1891 (Reichs-Gesetzbl. S. 290).

Vom 30. Juni 1894.

Wir Wilhelm, von Gottes Gnaden Deutscher Kaiser, König von Preußen ꝛc. verordnen auf Grund der Bestimmung im § 25 des Gesetzes zum Schutz der Waarenbezeichnungen vom 12. Mai 1894 (Reichs-Gesetzbl. S. 441) und auf Grund der Bestimmung im § 14 des Gesetzes, betreffend den Schutz von Gebrauchsmustern, vom 1. Juni 1891 (Reichs-Gesetzbl.

S. 290) im Namen des Reichs, nach erfolgter Zustimmung des Bundesraths, was folgt:

I. Waarenzeichen.

§ 1. Für die auf Waarenzeichen bezüglichen Angelegenheiten wird in dem Patentamt eine besondere Abtheilung gebildet, welche die Bezeichnung: „Abtheilung für Waarenzeichen" führt.

Die Abtheilung besteht aus einem rechtskundigen Mitgliede als Vorsitzenden und aus Mitgliedern, welche rechtskundig oder in einem Zweige der Technik sachverständig sind. Die Zuweisung der Mitglieder an die Abtheilung erfolgt durch den Reichskanzler.

Im Falle der Verhinderung eines Mitgliedes kann der Präsident des Patentamts einem anderen Mitgliede der Behörde die Vertretung übertragen.

§ 2. Für Beschwerden gegen die Beschlüsse der Abtheilung für Waarenzeichen, sowie für die Erstattung von Gutachten gemäß § 11 des Gesetzes vom 12. Mai 1894 ist die Beschwerdeabtheilung I des Patentamts zuständig.

Die Beschlußfähigkeit der Abtheilung für Waarenzeichen ist durch die Anwesenheit von mindestens drei Mitgliedern bedingt.

Die Beschwerdeabtheilung I entscheidet über Beschwerden gegen die Beschlüsse der Abtheilung für Waarenzeichen in der Besetzung von fünf Mitgliedern, von denen mindestens zwei rechtskundig sein müssen. Soweit es sich um die Erstattung von Gutachten handelt, genügt die Anwesenheit von drei Mitgliedern.

Die Bestimmungen der Civil-Prozeßordnung über Ausschließung und Ablehnung der Gerichtspersonen finden entsprechende Anwendung.

Zu den Berathungen können Sachverständige, welche nicht Mitglieder sind, zugezogen werden; dieselben dürfen an den Abstimmungen nicht theilnehmen.

§ 4. Der Berathung und Abstimmung in einer Sitzung bedarf es

a) in der Abtheilung für Waarenzeichen für die Beschlußfassung über die Versagung der Eintragung eines Waarenzeichens, sowie für Beschlüsse, welche die Uebereinstimmung von Waarenzeichen und in den Fällen des § 8 des Gesetzes vom 12. Mai 1894 die Löschung von Waarenzeichen gegen den Widerspruch des Inhabers betreffen;

b) in der Beschwerdeabtheilung I für die Beschlußfassung auf Beschwerden gegen Beschlüsse der Abtheilung für Waarenzeichen.

§ 5. Die Beschlüsse und Entscheidungen erfolgen im Namen des Patentamts; sie sind mit Gründen zu versehen, schriftlich auszufertigen und allen Betheiligten von Amtswegen zuzustellen.

§ 6. Ueber die Eintragung eines Waarenzeichens in die Zeichenrolle erhält der Inhaber eine Bescheinigung.

§ 7. Ueber Modelle, Probestücke und sonstige Unterlagen einer Anmeldung trifft, insoweit deren Aufbewahrung nicht mehr für erforderlich erachtet wird, der Präsident des Patentamts im Einvernehmen mit der Abtheilung für Waarenzeichen Verfügung.

§ 8. Im Uebrigen finden auf die Einrichtung und den Geschäftsgang des Patentamts und das Verfahren vor demselben in Angelegenheiten des Schutzes der Waarenzeichen die Bestimmungen in den §§ 4, 6, 8 bis 11, 13, 14, 25 bis 30 der Kaiserlichen Verordnung vom 11. Juli 1891 (Reichs-Gesetzbl. S. 349) entsprechende Anwendung.

§ 9. (Auf Gebrauchsmuster bezüglich.)

III. Bestimmungen über die Anmeldung von Waarenzeichen.

Auf Grund des § 2 Abs. 2 des Gesetzes zum Schutz der Waarenbezeichnungen vom 12. Mai 1894 (Reichs-Gesetzblatt Seite 441) werden die folgenden Bestimmungen über die Anmeldung von Waarenzeichen erlassen.

§ 1. Die Anmeldung eines Waarenzeichens ist in der Form eines schriftlichen Gesuchs einzureichen, welchem die sonst erforderlichen Stücke als Anlagen beizufügen sind.

Für jedes angemeldete Zeichen ist ein besonderes Gesuch erforderlich.

Das Gesuch muß enthalten:

a) die Angabe des Namens, der Berufsstellung, des Wohnorts oder der Niederlassung des Anmelders;
b) den Antrag, daß das Waarenzeichen in die Zeichenrolle eingetragen werde;
c) die Bezeichnung des Geschäftsbetriebes, in wechem das Zeichen verwendet werden soll;
d) ein Verzeichniß der Waaren, für welche es bestimmt ist;
e) die Erklärung, daß die gesetzliche Gebühr von 30 Mark an die Kasse des Patentamtes — Berlin N.W., Luisenstraße 33/34 — eingezahlt sei oder gleichzeitig mit der Anmeldung eingehen werde, sofern die Eintragung nicht unentgeltlich zu erfolgen hat (§ 24 des Gesetzes vom 12. Mai 1894);
f) die Aufführung der Anlagen des Gesuches unter Angabe ihrer Nummer und ihres Inhalts;
g) die Unterschrift des Anmelders oder seines Vertreters.

§ 2. Das Gesuch ist in 2 Ausfertigungen einzureichen. Zu dem Gesuch, sowie zu allen sonstigen Schriftstücken, sind ganze Bogen in der Größe von 33 zu 21 cm zu verwenden. Die Schriftstücke müssen leserlich geschrieben oder gedruckt sein.

§ 3. Dem Gesuch ist eine Darstellung des Zeichens in 4 gleichen Ausfertigungen beizufügen, von denen 2 je auf einen mit Heftrand versehenen halben Bogen zu kleben sind. Uebersteigt die Darstellung die Größe von 33 zu 21 cm, so ist zu derselben Zeichenleinwand zu verwenden.

Die Darstellung muß sauber und dauerhaft ausgeführt sein und die wesentlichen Bestandtheile des Zeichens deutlich erkennen lassen.

§ 4. Erachtet der Anmelder eine Beschreibung des Zeichens für erforderlich, so ist dieselbe in 2 Ausfertigungen einzureichen. Dasselbe gilt für Modelle und Probestücke der mit dem Zeichen versehenen Waare.

Die Anlagen und Nachträge des Gesuchs einschließlich der Darstellungen, Probestücke u. s. w., müssen mit einer Aufschrift versehen sein, welche sie als Bestandtheile der Anmeldung kennzeichnet.

§ 5. Hat die Prüfung der Anmeldung ergeben, daß die Eintragung des Zeichens in die Rolle erfolgen kann, so hat der Anmelder einen für die Vervielfältigung des Zeichens bestimmten Druckstock einzureichen.

Der Druckstock muß ein Holzschnitt, eine Zinkätzung oder ein Galvano sein. Behufs seiner Verwendbarkeit in der Buchdruckpresse muß er eine Schrifthöhe von 2,4 cm besitzen. Seine Größe soll 6,5 cm in Höhe und Breite nicht übersteigen; in Ausnahmefällen kann, falls die Deutlichkeit es erfordert, eine größere Ausführung zugelassen werden.

Der Druckstock muß derart beschaffen sein, daß er das angemeldete Zeichen in allen wesentlichen Theilen deutlich wiedergiebt. Ein mittels desselben gefertigter Abdruck des Zeichens ist in zwei Ausführungen beizufügen.

Auf Antrag des Anmelders kann auf Kosten desselben die Anfertigung des Druckstocks durch das Patentamt veranlaßt werden.

§ 6. Handelt es sich um die Anmeldung eines in Gemäßheit des Gesetzes über Markenschutz vom 30. November 1874 eingetragenen Waarenzeichens (§ 24 des Ges. vom 12. Mai 1894), so ist mit der Anmeldung eine beglaubigte Abschrift der in dem bisherigen Register enthaltenen Eintragungen vorzulegen. War das Zeichen auf Grund eines älteren landesgesetzlichen Schutzes eingetragen, so ist darüber eine Bescheinigung der Registerbehörde beizubringen.

Berlin, den 21. Juli 1894.

Kaiserliches Patentamt
von Koenen.

FSC
www.fsc.org
MIX
Papier | Fördert
gute Waldnutzung
FSC® C083411

Kolibri 360 GmbH
Ferdinand-Jühlke-Straße 7
99095 Erfurt, Deutschland
produktsicherheit@kolibri360.de